二十一世紀的大對決（下）

雷正祺 著

二十一世紀的大對決

華人與世界交織之命運

The content of this book,

By no means,

To be 100 percent accurate,

But without doubt,

It will awaken all the ears to hear,

Till those major events unfolded in the world…

今世何夕應先識，
前掘後竭忌不覺；
臨江濯足名活水，
半只葫蘆贈渴人。

雲野

謹獻給

想作先知先覺，有心

卻成後知後覺，無奈

偶作不知不覺，寧願

隨時有知有覺，不忘

——一步一腳印地踏向雲深不知未來深山處的野地採藥人

目錄（下冊）

第七章　荒亂血戰　2026-2030

土耳其興兵入歐，俄歐與土、阿拉伯人交戰

《其他歐美預言》

天主教被其他國王將軍奪去軍權，天主教衰敗以至最後的終止，新教在歐衰敗，回教徒瘋狂奢淫。非洲敗壞，有更悲慘的戰鬥，佔領，多死亡，逃亡。歐洲的亂象與天災，紅白勢力對其莫可奈何；後來有宗教大迫害，與大傳染病起，歐洲有 2/3 人口或死或逃

《諾斯查達姆斯預言》《諾斯查達姆斯給予書信(1)》《Samuel Doctorian 預言》

世界荒蕪，工廠停工，人命無價值

《摩丁所見異象》

賀君建立中國新王朝

《燒餅歌》《乾坤萬年歌》《武侯百年乩其二》

中日結盟，控制亞洲

《其他歐美預言》

美軍自歐撤軍，歐洲天災人禍不斷，與中亞非洲、其他歐洲人、新納粹和東方人交戰不已

《諾斯查達姆斯預言》《諾斯查達姆斯給子書信(2)》

法王帶領人民脫離半奴隸情況，建立自由城市（漸成歐洲的新希望），並與教皇進行宗教改革

《諾斯查達姆斯給子書信(2)》《其他歐美預言》

英法結成一體

《其他歐美預言》

英土的長久動亂

《Merlin 預言》

木葡人在歐洲、甚至世界的光環漸退（言說落空）

《諾斯查達姆斯給予書信(2)》

歐洲新納粹暴動與失敗

《諾斯查達姆斯預言》

歐洲有科學上的大發明

《諾斯查達姆斯預言》

阿拉伯人二次從海上侵歐，並多佔海島。極惡劣的一年

《其他歐美預言》

戰爭——(M7–1)

中亞與歐俄交戰

政治—(P7–1)

在歐洲有各種的佔領或控制區域，也各有各的規範。北非人所佔領的下，比較會傾向法英政府的律法，強過木葡所訂的律法，遠東人的規定對歐洲的強制力最差V24。

中日結盟美撤軍

遠征軍回到本國整頓，賀君有鑑於國內外可能對自己政權的威脅，所以想結合強大的東鄰日本來穩固自己的政權與做為阻擋美國的門戶，甚至在世界的地位。賀君若想向東鴻圖大展，而不僅是在做白日夢，必須先面對門前的美日大敵。過去因美日同盟的關係並且在過去十數年美國刻意的幫忙下，日本軍力儼然已成為西太平洋的海軍主力，美國反退居成為二線支援的角色，尤其在日本擊敗中國海軍後，日本大和海軍的自信更強，更不願聽從美國的指揮與限制，而日軍對美國在太平洋的兵力部署與強弱瞭解得相當清楚，這是他們手中握有的一張王牌。隨著日本日益高漲的國家意識，美國在西太平洋的部署也越顯得力不從心，深怕這個盟友隨時都會翻臉。表面上日本是在分擔美國在西太平洋的軍事負擔，實際上已漸漸地取而代之。美國人開始擔心日本的野心與是否會背叛自己，但自認無敵的美國人還是普遍認為日本應不至於像二戰般地魯莽，但許多人心裡總是有些不祥的預感。

中國賀君的大戰略是不希望美日繼續聯合，若美日保持同盟，則中國海疆將永無寧日，中國難以恢復生機，甚至在可預見的未來都沒有出頭之日，而他也無法實現其野心，所以寧願作個「袁世凱」，也要討好日本，利用日本人的民族主義，進而分化美日的關係，再利用日本來抗衡美國的海上勢力，作東方的屏障，他好盡情發揮中國大陸軍的能耐，向西擴張。從日本的戰略角度來分析，日本當然不應輕易地放棄與美國的聯合，但就在身旁的中國似乎仍具有相當大的威脅，需要提高警覺認真地應付，並且已不易再佔到太多便宜。即使日本打不下中國，但海軍殘破的中國應也不至於威脅到自己的海上霸權地位，加上美日的長久摩擦與不同調，美日聯盟早已有了間隙，漸行漸遠。看到美軍西太平洋的武力衰弱不振，日本國內的許多投機份子也越來越傾向重新調整國家戰略，剪斷過去一直依賴美國的臍帶，應該仰仗自力，走出自己的帝國之路來。而日本國內的其他黨派也趁機興起，如共產黨與社民黨等也想利用機會鹹魚翻身，在日本國內的力量與聲勢日強。

看出美日嫌隙的情況，賀君認為中國無法抗衡日本與美國的威脅，便說服其將領採用「聯合次要敵人，打擊主要敵人」的策略與日本合作，分化切斷美日的關係，好讓美國孤立。中國的賀君政府暗中與日本接觸勾結，各取所需。原則上，一個是想作陸霸、一個想作海霸；一個向北向西擴張、一個向南向東推進，各擁勢力範圍與利益，還可減少衝突誤會，得到同盟之利，而且無後顧之憂，也不必消耗對方的實力，這計畫即使在日本人眼中也具有相當的吸引力。中俄戰後，本來一直看不起中國的日本，見到賀君竟能打敗俄國，中國人在賀君統治下又結合在一起，便開始認真地想與賀君合作，維持互不侵犯的關係，並共同瓜分想要的勢力範圍，向外擴張。眼見俄國戰敗，日本當然當然有其盤算，想利用此機會解決與俄國長久未決的北方四島領土之歸屬紛爭。舊的美日聯盟早已不復存在，取而代之的是中日兩國的秘密關係，並有越來越檯面化的趨勢。中國可為日本南向侵略鋪路，借出臺灣港口等給日本作南侵中繼基地，而日本則努力結合東南亞的回教勢力，目標是佔領整個太平洋。中日彼此交換不再對抗之中日密約，共約向外取得利益與權勢，並將互瞄的飛彈轉向對外。

日本看見賀君在歐洲戰事的強悍，軍事戰略與外交政策更向賀君靠攏。後來，以中日（俄）為主導，逐漸在政治思想上發展出一種「亞洲核心論」，希望能團結整個亞洲，一致對外。先前在全國性的大水災後，國力耗損，不願與鄰近的中國為敵，見賀君在中國的權位也還算穩固，也樂得與中國建立新關係，並可以合作之名順利地擴展其勢力到整個亞洲。中日的結合控制了整個亞洲。至於夾在中日俄之間的韓國，此時還能有什麼選擇？

早已抬頭的強烈日本民族意識、美日衝突與利益的矛盾、再加上賀君在暗中強力拉攏與分化的推波助瀾下，促使日本與美國漸行漸遠，甚至正面交惡。高漲的日本民族主義一發不可收拾，並持續地在日本政府與人民中發酵，他們認為強大的日本大和海軍，足以對抗俄國，並已打敗中國，不必事事還要仰仗美國人的鼻息，作美國人的打手和小弟。日本最後要求美國撤出所有在國內的軍事基地，這要求非同小可，美國當然不願大力扶持起來的日本脫離自己的掌控而嚴詞拒絕了。日人於是在有美軍基地的太平洋各島進行排美的挑撥動作，東亞情勢日益緊張。接著又陸續發生幾起美軍與日本人民間的衝突事件，爆發日人攻擊美軍駐日基地的事件，雙方緊繃的關係惡化。美國為了安全，也著手進行撤軍的行動。部分東南亞國家雖然希望有個制衡日中勢力的美國，但面對強大的壓力也不得不低頭。美軍最後撤出了東南亞。而美國大戰略中的第二島鏈成了防禦的第一道島鏈。澳、紐的軍事地位也升高起來。向美國本土方向後撤的軍事力量重新在太平洋與美西各處部署開來。

日本繼而積極地向南拓展，其胃口比二戰時的版圖還要大，不時地大力宣揚他們的「泛太平洋共榮圈」。過去在二戰時曾被日人佔領的東南亞各國皆是敢怒不敢言，若非採取與日同盟的方式，就是國家有親日的傀儡政權在掌權。表面上各國之間是屬於同盟合作的關係，雖然在歷經過民主薰陶的新時代，日本人在統治與外交表相上較二戰時代文明些，然而他們所歌頌的與腦子裡的思想仍然繼承著過去殖民奴役他國的老路。若干人在暴虐行為上，因新時代的妄想、錯亂與壓抑，反而有變本加厲的趨勢。不可避免地，日本的擴張政策勢必會遭遇到東南亞龐大的回教勢力，幾經折衝，雙方最後找到了共同的敵人——美國，這倒是個不錯的合作基礎。

國際關係是殘酷現實的。見美國國力日衰，日俄中等國家「聯手」驅逐殘存在西太平洋的美國第七艦隊勢力，美軍分別轉向澳洲與太平洋各島嶼基地，部分武力遷回到美西，並納入美國東太平洋的第三艦隊或在波斯灣紅海的第五艦隊，以進行重組整編。

戰爭總是展露人性善惡面的高峰時期，不管是過去的民主或集權、文明或落後、歷史悠久或新興的國家，各國的野獸們都如逃出了囚籠般，瘋狂地擴張互噬，什麼正義、公理，多只淪為口頭玩弄的修飾而已。人民在惡劣變遷的環境中變得不安與富攻擊性，拋棄了和平時的理性與道德。在這種氛圍下只有蠱中之蠱，獸中之獸才會出頭。

2026/5 也是美國勢力在歐洲嚴重衰退之時，因為美軍聽到俄國可能的攻擊，匆促地大量從歐洲大規模撤軍撤僑，先退到英國去，他們在美軍各基地留下不少好用的東西 II44。美軍撤退後，原來不是兄弟的法國與英國之間的關係更為密切，往後的七年中擔負起抵抗外來入侵者與反攻的重責大任。

賀君建立新元帝國

2026/27 回到亞洲的賀君利用在歐洲的不朽功勳，開始在大中國境內經營其帝國形象。他設想的大中國究竟有多大呢？只要有中國人的社區，賀君就想要干涉。相當諷刺的是，共產的反封建思想也無法阻止它自身建立封建帝國的美夢，新國家雖然仍是共產黨當政，但與過去的政權已有相當大的差別。賀君在世界的名聲響亮，在中國積極推動建立帝國的各項工作。賀君自立為中華大帝國的皇帝，並將該年訂為賀君的元年，開始了其統治擴張版圖的第二時期，個人集權制度達到了最高潮。為了符合新帝國的形象，他將官邸從中南海搬到紫禁城內，並作了新的布置與規劃，在兩年內大興土木，蓋起一座座金殿龍樓來。後花園也養起了一些珍禽異獸、名卉奇石。他還在後宮蓋了一流設備的新住所。有許多從台灣故宮運回來的古代珍奇寶物重新佈置在各宮內，再加上從各國掠奪或買來的高級藝術品，皇宮處處顯得十分美侖美奐。當然防盜與嚴密的警戒設備措施是免不了的。紫禁城恢復過去帝王時代的風光，又成了名副其實的禁城了。

同時他又大肆搜刮全國人民的民脂民膏，動用了很多人力物力為他在各地蓋新型的宮殿行館，並將留在中國的人民大量奴役並投入軍事武器的生產與相關工業。他將不在歐洲出現，但會在亞洲成為最強大的君王X75。

政治—(P7-2)戰爭—(M7-2)宗教—(R7-1)其他—(O7-1)經濟—(E7-1)

2026/6在美軍緊急退出歐陸後，原來歐陸上號稱勇敢的一位首領，因沒有做好獨立作戰的準備，在美軍撤退後，不能面對強敵而倉皇逃走。

此短暫的時期內，法國有邪惡的領袖和將軍們出現，施行暴政，後被懷疑的群眾解除武裝。在隆河與杜蘭斯河之間另起新的政權，後被一項陰謀所推翻。

法王逐退入侵者

2026/7南歐國家各地再被北非來的人所佔領，教會的武力也無法阻擋。法英的武力結合成一體繼續抵抗外敵。歐人反應太慢而蒙受重大損失。一直要到十月後，由法王所帶領的軍隊才將四處躲藏與不和的敵人們陸續逐出，入侵為亂者不論是歐洲人、木葡教徒、北非人或中亞人想要進行劫奪，也多會不成功。

英國境內不止的內戰紛爭

2026開始在英國政局中，三個新領袖中有一個工於用計的人換掉了提拔他的空軍指揮官，還裝得很愚笨的模樣。但當他的真面目露出來時，就會設法將另兩人趕出英國到諾曼第去。兩人到了法國會與一個法國諾曼第的領袖勾結(法國的國家形狀像一隻豬，而諾曼地就像個豬頭)。後來兩人坐船回英，原在英國的奸巧者就會假裝敗死，那個諾曼第的布隆王會到英國享受征服的快感，不料反被英國這個奸巧者攻擊兩處屬地，打完後還躲在山洞裡。布隆王發怒要結合從英國來的兩人，形成同盟，共同將權力與屬地分贓。英奸巧者從山區內出來假扮成別的身份，與英國流亡兩人之一人談判，並技巧地將後者併吞了。他還假扮成布隆王，假裝也有些損失，等著他的英國政敵們一跳入他的陷阱，就馬上消滅他們。成就後，並自封為王。

英國在奸巧者當政時，有一奸惡的人會霸佔著倫敦，向經過者搜刮有價值之物。威爾斯的山區也有土匪出沒，有一勇猛的領袖會糾合英國西南之民，佔據著泰晤士河流域，並且還消滅了言辭反覆的另兩股勢力，但他終會被敵人炸死在山頂上。他的海軍餘眾變成像是好人般，但卻壞事幹盡，後來又變成海面下活動、搶奪金銀的海盜們。倫敦的地方勢力再興，併吞了附近的城鎮勢力。接著島內是多方在空中與陸地的混戰。之後有一愚笨者以其邪惡的恐嚇出頭為王，當時並發生大地震。另有一奸邪者出現，在戰爭中摧毀了許多森林。隨著此奸邪者之後會出現七個道德敗壞的小王，強迫婦女墮落，人如畜牲。其中出現了更大的罪惡者。此時在牛津一帶會興起一人與此罪惡者對抗。兩者之間爆發大戰，處於劣勢的牛津者雖使強大的罪惡者無所遁形，且一度佔上風，最後仍被復元的罪惡者打敗，被自己的同伴牽絆著而被毒死。

繼任罪惡者的是來自英國西南 Totnes 的一個暴君，抗暴聖地的牛津一帶又會有人出來與之鏖戰數回，並且能處處壓迫暴君。但是這頑強的牛津領袖卻得罪其他各地的勢力和貴族，並被一勇士在全國進行追捕，但後者的行動會敗於牛津之處，最後是由另一個善謀者摧毀了流竄的牛津領袖。不久從林肯郡的小人就會包圍這個善謀者，此時又是群雄並起的局面。空軍的武力壓制著陸軍，再出現兩支交戰的部隊，一個為戰勝者。在冒出一支部隊收編了戰敗的兩方，並用各種戰術對抗原來戰勝的兩支部隊，他若與敵人正面交鋒並不會贏，但其游擊戰卻是成功的，先後擊敗了他的對手。戰勝後，他繼續在英國境內驅逐其他勢力。

之後會有一殘暴者出現為王，並統一了分裂的十五的區域。此時也是英明的法王帶給英國希望的時候。在上位的殘暴者過奢靡的生活，喪失了治國的能力，又被其屬下奪權，暴虐依舊，新王雖有一得力的助手，也因後者似有二心而殺之。以上的現象與發展都會在2031年之前出現。

從2027到2030之間，歐洲幾乎年年都有許許多多的自然災禍，如洪水、瘟疫、地震等，伴隨著同樣多的人禍，人民可說是生活在不安與痛苦之中。每一年都有許多大大小小的事交互影響發展著。

2027　將入侵者逐出後的政治紛擾

戰後有一些政府領袖被人審判吊死，木葡人的領袖則不再堅持原來的政令，而有新的改變。法國東南的里昂發生動亂與政治上的紛爭，各勢力與各城市之間充斥著不和協的氣氛，到七月有正直之士出頭，但非白人與教會仍有許多爭端，後來在妥協的情況下政局轉好些，但木蘭教徒從中分到較多的好處。

又有外敵現蹤，法王自薦請纓領軍領政，但被羅蘭省所否決而未成為法國的共主，由雙性人的團體來領導，軍力衰弱。強風暫時阻礙了敵人的入侵。

2027/4 歐洲有人發現從巨石縫中流出白白的東西出來，造成群眾相當大的驚恐，以為是什麼可怕的毒物，其實這個發現是無害且無關緊要的I21。

軍事運輸上新的發明

2027年末，歐洲人有了一項重要且廣泛的發明。科學家們成功地運用水晶的雷射激光加熱空氣，使之成為能推動笨重物體，如巨砲等之載具，並可進入廣泛實用的層次。

2028

年初有洪水，敵人在冬季後期發動攻勢，戰況激烈，歐洲內部混亂。戰火如火如荼時，各國年輕的領袖與耶教徒還爆發激烈的宗教爭辯，外國貴族身份的入侵者會虐待耶教徒，帶來邪惡。

水災和戰爭當然也脫不開繼起瘟疫流行，歐洲有大區域的荒廢。五月中出現大地震，有大雹從天降 VI88 X67。在三戰後相當時期之後，邪惡再現，法國會出現獨裁者。此時有一位不凡的人(教皇)被布隆王和巴黎人的陰謀所殺害 III51，戰事仍持續進行在整個夏季中。教皇身後陸續有的三位聖職人士出現，皆為聖人，共稱之為「天使牧師」(Angelic Pastors or Popes)(但也有說法是這些人並不能算是教皇)。面對當時的戰爭，教廷的大主教雖想唱議議和也未成功，秋天情況轉變得更壞，一直到年末都是如此。法南方還算和平，木葡教勢力也沒有掌握大權。天主教在後來只剩聖芳濟會與道明會還較保持著。但多數地方有大邪惡與內亂發生，過大的死亡與瘟疫驅趕人民向過去危險之沿岸地帶遷徙，法東南近海處反而人又多了起來，但卻又會吸引新一波外敵的覬覦。各地被離棄的城市街道內屋舍無主，野草長高及膝。

天藍頭巾的利比亞人侵佔法之弗窩，白頭巾的木葡教徒則在伊斯坦堡更加敗壞 IX73。秋季時，俄國人會重重地打擊木葡教徒，後者的領袖正在問有多少被俘虜時，會被飛彈鎖定，而被炸死在掛在樹上的天線 II2 II70。

北法的布隆王權力日大，並喜散佈謠言，其統治會及於東南的亞維儂，然其暴政讓人民再度流血 VIII52；面對年年的水患，尤其是氾濫的隆河治水無力，擋水牆先後有五處坍塌 VIII38。

2029

教會墮落之下，西歐與南歐各地方的勢力與宗教團體在一起開戰爭會議，希望能達成共同抗敵的共識。結果使與會的三巨頭發生衝突，進而造成內亂，彼此對抗，暴民還會通敵來出賣自己。幸而有新武器之助，讓敵人退卻。

新武器禦敵

新型載具迅速在發明後迅速投入軍事上的量產，為一種飛行火的機器 VI34，至此時已能用來防禦，成功地阻止來犯之敵人。歐洲人還運用新科技努力建造起一座太空先進武器，在不久的未來能大大地影響世界大戰的結局。

戰爭又帶來了長達三個月的瘟疫流行和荒涼。法國雖然在戰爭中大致還能守住國土，但內部爭鬥卻越演越烈。六月時，歐洲當時的三巨頭死亡，木葡教中垂死的老人還希望能掌權。各地的人民想激怒教會與各地領袖的抗爭，結果反而被激怒的是光頭的木葡教徒。木葡教之領袖行詭計不成，後在洪水肆虐的時候或死或逃。歐洲又冒出幾個有力的領袖，互相興兵爭奪。接著，出現更強大的宗教領袖，推翻了舊有的宗教教派與強大的各地領袖，但只有他很快樂，局勢與其他人仍萬分痛苦，因甜蜜地報仇而樂過頭的這個領袖，最後會敗亂以終。

2030是極差的一年，冬季時霜雪風雨惡劣，除了瘟疫流行外，諸強彼此敵對，外來還有新一波的重大戰事爆發。有通敵者，也有改革不力者。

在英國建了一個玻璃屋後，戰事再起。外邦人和土耳其人會二次來攻，同時也爆發了俄土之戰，法王與俄王帶領紅軍與歐洲軍隊和伊朗王對抗。約在四月到九月阿拉伯人二次來攻，土耳其與阿拉伯人在塞浦路斯準備攻擊，在直布羅陀有大破壞。入侵者第二次從海灘再攻擊歐洲，佔領了法國的地中海沿岸，那裡的各海港都被他們重新命名，並佔據了許多海島，包括馬爾他島。中歐的威脅則會遠達到萊因與多瑙河的地帶V68。此時發展出大德國的德國皇帝雖會為戰爭而動員，但不會出到德境之外，在他與外敵和談破裂之後，強大的亞美尼亞公爵會攻到維也納和科隆V94。

四、五月時在疫疾加倍流行之下，各教派、各地政府與國王為了小事、教會與如何停止戰爭而爭論不休I79。有惡王消滅了天主教會的力量，並將多名主教逐出他們的駐地。後來又有內部戰禍，糧食欠收缺乏，還有洪水肆虐。

九月時終於有一位在位不久的大主教出來收復法國中部的地區，法英聯軍從法國北部與西部發兵夾擊深入法境的敵人，並將之打退至法國中部的羅安市 III9。最後，入侵者會敗於阿爾卑斯山一帶，而被逐出歐洲。中東國家與西方兩次戰事的升降也削弱了不少歐洲的氣力 VIII59。

戰後幾乎原來的情況都有了變化，大主教控告四個領袖的不公義，假共同對外之名，暗行擴張之實。這時候的歐洲是山頭林立，極強者寡，強者眾多的局面。

年末又是霜雪紛飛，歐陸仍不平靜。但歐洲又再與美國結盟起來，帶來了一些希望。

燹 美 暗 龍

第八章　燹美黯龍　2030(年末)-2031

美東西海岸遭受的大水災、火山爆發、地震、颶風

《印地安族 Lakota 預言》

一支大軍經陸地海洋來到美洲，毀壞國家與村鎮城市。是美國境內的第三次大戰爭，也是其歷史上最大的一次災難

《華盛頓所見異象》

美東北國界線由華盛頓到 Nuvo Scotia 半島，並在那兒消失

《摩丁所見異象》

北緯四十五度有大天火，戰火迫近紐約，攻擊北美，賀君想證實北法人還能撐多久的能耐

《諾斯查達姆斯預言》

紅軍潛艇與飛彈從東西南方夾攻美國，俄軍強大陸軍從東北方南下攻擊北美洲，全美大災

《美 Dumitru Duduman 預言》《美 Linda NewKirk 預言》《美 Gayle Smith 預言》《美 AA Allen 預言》《美 Henry Gruver 預言》《美 Nita Johnson 預言》《瑞典 Anton Johansson 預言》《其他歐美預言》

同時，東方人一日內佔領美西

《荷比族預言》

戰時許多印第安人聽從古訓躲入地洞內

《荷比族預言》

紅軍殺許多北美宗教傳教士。賀君在印第安人中行審判頭戴兩角的人，殺改信他教的印第安人首領，行均分與共產制

《荷比族預言》

回歸美洲的歷史正義，蒙古種的哥哥拯救了印第安人的命運，紅、日與法西斯者潔淨了不義的美洲大地。

惡人們被斬首，荷比人方可與白人通婚。

《荷比族預言》

ISIS UNVEILED 一書中有說沙漠下可怕的沙將揚起塵封的秘密（印第安人的遠親是蒙古人）

《Madam Blavatsky 預言》

賀君方面能解讀印第安人的石板，並帶石板來與印地安 Kookop 族有缺角的時板合對。賀君的大將軍為黑頭髮、戴紅帽，可能穿紅大衣。紅軍帶來一種個人使用的投射工具（武器），對印第安人似乎用處不大。

亞洲人有自己的信仰，與荷比族的宗教相近，為印第安人真正的白膚弟兄

《荷比族預言》

印地安人的偉大 Pahaana 精神導師出現

《荷比族預言》

荷比人不應把礦產讓人用在戰爭的用途上，不應放棄祖地

《荷比族預言》

俄軍見久攻頑抗美軍不下，就迂迴遶過白軍，用白人的同情者把白軍的殘暴証實給南方黑軍看，南軍統帥將她安置小島上，繼而領軍發大怒攻入北邊的紅白大戰之戰場，佔領華盛頓，並想繼續與紅軍作戰，來到美國東岸一處而暫停。他會遇見印第安後裔年輕領導者

《伊羅垮族預言》

紅白對抗演變成強烈戰鬥與損失。各地零星的反政府抗爭，第三支中美洲武力北上，攻擊破壞紅、白軍隊，一時有大灰雲起，使紅白皆傷

《諾斯查達姆斯預言》《印地安族 Mohawk 預言》《伊羅垮族預言》《美 Dumitru Duduman 預言》

北美核爆時，東方人再武裝起來，中日聯合其他國家打敗歐亞的俄國守軍，將後者打到巴黎，推出俄國將領，結合各國之力量想對付以色列

《美 Dumitru Duduman 預言》《諾斯查達姆斯預言》

中亞王的最後攻勢

《諾斯查達姆斯給子書信(1)》《諾斯查達姆斯預言》

以色列被攻破佔領，人牛隻多死，成荒涼之地(Dumitru Duduman所見有跳躍或解釋有問題，猶太人並未信耶穌基督，其時之戰也非末世的爭戰，以色列也沒有戰勝)

《諾斯查達姆斯預言》《美 Dumitru Duduman 預言》

賀君消滅中國西南獨立的勢力，殘酷屠殺

《武侯百年乩其二》

新發明的太空衛星人造光對戰爭造成極大影響。由歐集結的強大海軍向北美而來，黑軍懼而逃竄出海，北美人民歡欣

《伊羅垮族預言》《華盛頓所見異象》《武侯百年乩其二》

美東紅軍恢復軍力，但見歐洲來的大海軍而害怕，向北方而去，殺出一條血腥路，從所佔海港退回己國。

佔領美西的中國賀君也因被擊敗與國內亂事威脅而撤退

《伊羅垮族預言》《華盛頓所見異象》

北美恢復平靜，白人一部份去迎接並加入由歐來的反攻大軍，繼續作戰。一部份留居美國東北的人民，重新領導建國，成立新的大國

《伊羅垮族預言》《阿尼吸納比族七火預言》

北美新興國家興起。舊的美利堅合眾國（United States of America，原文錯譯？）終結。有王冠的藍色新國旗。若天上還有星辰，並會降甘露，新的共和國將長存，神保佑新的 Republic of America

《華盛頓所見異象》《伊羅垮族預言》《印地安族 Mohawk 預言》

法王領導的歐人大反攻，入歐外敵撤退，木葡人仍在進行宗教壓迫

《諾斯查達姆斯預言》

南方義軍興起，以紀念統一三分的前聖王作號召，抗日也反賀君之通敵

《武侯百年乩其二一》

政治—(P8-1)

北美在內亂、恐怖份子攻擊與美俄交戰後，國內一片動盪不穩。社會充滿了不公義，個人與偶像崇拜情形嚴重。物質主義盛行，迷戀於金錢與娛樂，像是一幅末世的光景。

從世界超強到國力相對多國顯得衰退的美國對外的關係也越顯得吃不開，歐洲國家也積極干預美國紛亂的內政。除了墜落的國家聲譽外，嚴重的內部問題使其在外交上也日漸乏力。歐洲的法強盛，但北美的美國則衰弱 VIII4，引起在武力上捉襟見肘，又無法征服歐洲之紅軍的覬覦。

北美出現龐大的難民潮，這些人多來自共產政權與貧窮國家的人，尤其是那些被賀君與俄國專制政府逼迫的大量亞俄難民，以及中南美洲因逃避天災與戰爭北上的難民，數量極為龐大，大批大批地乘船渡海或穿過邊境偷渡到美國。起初，號稱尊重人權的美國難以拒絕和收容這些難民，但也無法將他們安排或轉送第三國，更不能給他們入境許可，容納這些暴增的人口，加拿大成了難民的暫時集中處，湧入的人甚至比美加沿海的城鎮居民人口還多。美加政府對一波波的難民潮感到十分恐懼，國內陷入大恐慌，也想不出什麼辦法，因為逃來的人都不願回去，政府只能在國內劃出一些難民區，將難民們集中管理。美加政府要應付海外吃緊的戰局，實在無力、也無財力接下這麼沈重的負擔，但因國內人權團體的壓力奔走與國際形象的問題等，過去美國的少數民族佔全國人口的比重已大幅成長，也成為一股可與白人為主的政府相庭抗禮的力量，逼使美加政府進行壓制反對接納一切外人的聲音，暫時接納了許多「有關係」或「有辦法」的難民。國家許多人力、物力與時間都耗費在運輸、照顧和規範難民的身上。

令人頭痛的是每當冬天的天氣變得非常嚴寒，難民營的設備簡陋，衛生差，疾病迅速開始蔓延，加上糧食營養的匱乏，死病者不計其數。越來越嚴重的情況，使集中營牆內外的人都倍感壓力，集中營內的人民開始感到不耐，暴力衝突事件於是越來越多，許多離鄉背井、骨肉分離的難民們對投誠國的觀感也漸漸地在轉變中。華僑的心理更是複雜，許多與難民有關係的美裔華人想盡辦法想把自己的親友從海外或集中營處弄進美加，成為合法的居留者，認為美國再差也比賀君統治下的生活有保障。

美加終因太多人來而拒絕接受外來的人，並採取嚴峻的手段，國內並爆發移民的收容與處置大辯論。多是共和黨的反對者說難民帶來疾病、犯罪、就業、資源的重大問題，要強制遣送難民回國，或想利用外交手段，將難民轉送到中南美。而民主黨的謹慎開放與同情者則站在人道與利益的角度上支持有限度地開放接受這些難民，強制遣送難民的成本極高，也不一定有效。複雜的利益、宗教、種族、關係的鬥爭，而這些辯論無休止息，美加社會被深深地分化了，民主、共和黨內部大分裂，新興小黨林立。社會上的法律救濟對叢生的問題也是左支右絀，人與人之間如狼。在解決難題上，不見底的財政深淵，就連經濟學家們也吵成一團，莫衷一是。強硬排斥派引起更多的對立衝突，而和平鴿派也因對難民不平等的對待，造成重大的反彈。這些再再加重了舊有的問題的惡化，諸如貧富、種族與過多罪犯等問題。初期美加接納的難民引發其他國家的難民像是受到鼓舞一般，有更多的人偷渡北美大陸。不久後，美國開始覺得大事不妙，在國際社會間指控中俄與中南美洲各國製造並輸出難民，並與多國交涉，但無具體結果。美加緊急撥款，花費了不少人力物力在極長的海陸邊界巡邏拘捕非法外國人。雖然美加到處打擊人蛇集團，但難民船仍是一艘艘地前來。國內的不安情緒高漲，好像難民與恐怖份子沒有太多的差別，大小城市都出現了排外風潮與衝突，許多華僑也成了攻擊與刁難的對象。美國在許多地方開始蓋「集中營」，如在明尼蘇達州就有一個惡名昭彰、大型的設施。此外，在愛荷華州內還有一座大監獄，專門關那些「不聽話」的人民，因為當時許多地方都出現了武裝、宗教、自由鬥士等各類反抗政府團體組織，政府忙于平定內亂，政府的鎮壓手段也更加專斷與殘酷。後來美加在南北邊境建立起數不清的臨時收容所，實際上就是集中營。不僅是捕捉偷渡與移民者，更作為監禁反對人士之用。自由主義者的放縱招致強列右傾的反動鎮壓。在鎮壓與麻木的過程中，美國立國精神的民主自由也蕩然無存了。

隨著多種族彼此之間的對立與衝突，許多人提倡大力提倡白人至上主義，新的三K黨徒犯下許多惡行，他們重唱「白種人的負擔」，極端者希望把所有非白人都趕出北美大陸，世界的痛苦為何要白種人來負擔，是貧窮戰亂國家自己搞不好，還要把問題丟給搞得好的國家。反對者則反譏沒有白種人的壓榨豪奪，妄想永遠作老大，世界怎麼會貧窮不均？白種人又豈能高高在上地享受，白色政權捅出的摟子，當然要負責。美加境內的法西斯同情者激烈排外，新移民與有色人種與北美白人間發生眾多衝突。此時，北美洲白人但求自保，也不管少數民族的死活。其他膚色的人則也組成反抗的團體和幫派，不願坐以待斃，起而對抗。各大城市與種族分明的地方常發生暴力衝突事件，地方警力也失去了維護治安與正義的責任，甚至帶頭為非作歹或搞對抗。社會上迫害、狡詐與折磨的情事，時有所聞。接下來發生了收容所的大暴動事件，美國中央與地方政府的操作也越趨極端。

美國政府出現重大變動，中央已無能力掌控幅員廣大的國土，全國分離主義者充斥，從各處努力培養自己的勢力。中央迫於無奈，開始下放更多權力給地方政府。美國國旗也換新了，新國旗上有十顆金色的星星，代表國家的新區域劃分。其成員深受歐洲極端右派的影響，大力排斥自由與宗教信仰。這十區的區長也是由歐美聯合組織的最高單位所指派，與過去美國政權的獨立常態相當不同。全美只剩南方還保有相當程度的自由，但究竟仍難以維持下去，因為新政府的鷹爪與魔手將伸向南方各州。

美國南方設有許許多多的集中營，為了偷渡客與壓制全美最後的民主自由風氣而設，更是為了不讓國家分崩離析，所採取的極端高壓手段。集中營內設有露天的刑台，戰後估計被殺害的人竟達百萬之譜。

美國的總統制，過去有法律與民主規則的規範，在此特殊時候，已難阻止制衡一個強勢總統的一意孤行。美國極端的共和黨保守勢力與總統持續緊縮自由的法律制訂，過去赫赫有名處理國外情報的中情局（CIA）與針對國內情資的聯邦調查局（FBI）因不斷的誤判、挫敗與險峻的情勢，在武器、毒品極度氾濫下對抗國內潛伏的敵人、恐怖份子、頑劣的偷渡客、國內暴力團體、武裝宗教團體的威脅與攻擊，竟成了美國政府恐怖的高壓統治機關。整合防恐安全與移民對外的「國土安全部」所採取的手段與前者更是不遑多讓。什麼民主、人權都成了歷史最大的諷刺，其無所不用其極的手段絕對比過去胡佛局長主持時更是恐怖百倍。國家走向無政府的混亂與極權的兩個極端。美國由過去高高在上的自傲跌入自卑混亂的心理。長久以來，美國在世界上的民主推銷其實一直都不是正義的化身，而只是其利益的藉口。

美國有人提議把難民當作人質，與外國政權談判，此舉更落人口實，使外國專制政權有為保護僑民而動武的藉口，中、俄、日本等國家領袖非常樂意見到如此的發展，這發展為他們出兵美國提供了極佳的理由，並且能一舉廉價地買回海外失散反對的人心，為徹底打垮美帝的計畫鋪路；此舉也激起了各國難民，甚至美國國內許多民眾的極大反感。

情勢大壞，甚至連全美少數原住民的印第安人也大串聯起來，先到白宮請願未果，再到紐約聯合國舊址的大樓申訴，然而他們的請願也遭到排斥。此外，美東出現一位十餘歲的年輕領袖，作了美東印地安保護區的領袖，聚集數千名印地安人到紐約州的山區安全聚集，中立地從旁看著北美這帶著希望，卻又是恐怖無比的變局。

人民的低容忍度加上政府高壓殘暴的統治導致美國領導中心的崩潰。為了對抗政府，各類型的無政府主義者和宗教煽動家都出籠了。新的共產主義在北美雖被極力地打壓，但仍有部分地下的市場在潛伏著。

美國原來因經濟等因素使軍事部署與發展已大受限制。此時國內更是情況危急，對外戰鬥時又缺錢、缺餉、缺人、缺油、缺補給，還缺士氣與犧牲精神的軍隊是很難戰勝敵人的，保養不良，管制不嚴的武器與載具更讓使用者緊張害怕。無力作龐大海軍的支援與攻擊計畫，高層的指管通勤都出現許多的問題。美國在太平洋的武力缺乏有力的領導，後來又為了因應中日在太平洋上的巨大威脅，加上北極融冰，出現多處新航道，北美等於必須應付可能來自四面八方的敵人，就像是歐洲在戰時的處境一般。

美國政府因層出不窮的內亂，無力再應付局勢，華盛頓的總統便下放權力給各州各省，各自為政，缺乏中央統一領導，國家機器停滯不前，雖用嚴刑峻法，但亂象有增無減。人民信心全然喪失，宗教普遍衰敗，無力導正人心。各大城市並有大規模的種族暴亂衝突，世界皆因饑餓、疾病而喪失了心智。

宗教——(R8-1)

美國教會同性戀與墮胎事件更多，教牧者忙著光耀自己而非上帝。許多宗教人士見國家社會日趨沈淪，便強力要求政府能壓制人民過度的自由發展，並要求強加新的法律規範，造成人民相當大的反彈，與政府發生衝突，結果是政教互相干涉，政府大力壓迫人民的自由，並將人民信仰的自由也剝奪了。

以美西為大本營的末世聖徒摩門教的許多說法對惡化的情勢無異雪上加霜。宗教上的嚴重的暴力衝突也出現在美國。美國新教面對複雜的局勢與木葡宗教的影響，使許多人也跟著迷失了。

2031年時，在歐洲幾乎已名存實亡的天主教會又有新的大分裂。原本僅存的兩大支派道明會與聖方濟會發生不和而決裂，瓜分了教會最後的財產與權力，犯下更多的錯誤。信徒力量更加分散，招致宗教大迫害，許多信徒逃亡與遷徙與叛教。回教與野蠻人的勢力當然也不會放過可以攻擊歐洲人的機會，對天主教會又是一次很大的考驗。北美天主教區更成了過街老鼠，常被異教徒所攻擊破壞。

北美的假先知充斥，有許多宗教信徒認為世界末日，認為終於等到了最光榮的時刻，熱血沸騰地投入各種迎接新世界的準備，興起一波波積極反政府的大規模遊行與暴動。許多擁槍自重的團體，甚至執法人員都起來到處為亂。許多人還用魚目混珠的方式，打著宗教的招牌作號召聚眾滋事，連帶影響美國新右派政府採取反對與禁止宗教自由的霹靂行動，強力鎮壓宗教信仰。各地暴民燒教堂的事多有，政府的態度也是睜隻眼、閉隻眼。

一些印地安人的長者們都躲藏了起來，在極隱密處不願被人發現，並仍然用各種方式保存著先祖們的智慧結晶。廣大的印地安民族受到西方白種人帶來的強勢文明與大力宣傳的希望，使得年輕數代的印地安人與其祖先的智慧脫節，甚至反對祖先傳下來的智慧與長者。但後來也有人漸漸留意到印地安人的智慧，而求教於長老們，但他們所求的並不容易得到回應，因為長老太害怕或根本沒人在問。白人的文明與科技無異是破壞自然平衡的元兇，最終會走向毀滅。

其他──(08-1)

北美各地許多人因為缺乏妥善的管理與食物醫療設備，緊接而來爆發的就是饑病與其他的自然災害，人人各顧自身，各種族間的衝突也更形劇烈，社會中如此，規範嚴格的軍中也不例外，內鬥消耗的結果，白人仍掌握主要的武器與資源，但掌握情況十分不理想，尤其還會發生了一些與核能管理運輸相關的災難，還有如過去俄國車諾比核電廠的輻射外洩大意外，與載運核武和廢料的車隊出事等，使民心惶惶，紛紛希望能廢除這些危險的核能與武器。

經濟——(E8-1)

對習慣於美國強大經濟的人而言，想像美國的經濟衰敗似乎是不太容易的事，但這現象早已或明或暗地浮現了。究其原因，是長久以來美國以商業利益掛帥，各大企業越來越強大，往往成為大者恆大的局面，雖有繁瑣的法律制度，但在官商勾結、互相掩護下，政府上層也難逃被腐蝕的命運，越來越只有極少數的人擁有大多數的財富，偏見流行，國家也日漸走向衰亡之途，而這商業的帝國主義就像是過去共產主義者所認為的資本主義之最後階段，並將走向滅亡。美國過去坐擁金山的各大工商企業，尤其是分佈在東西兩岸、許多世界知名的跨國公司早在開戰之前便風雨飄搖了，倒閉、縮減規模的公司日有所聞。許多公司努力地分散風險，並向內陸和較安全之處遷移。銀行業衰弱，股市驟降，信用破產的人比比皆是，現金回頭取代信用，成了買賣的重心，但因偽鈔風行，貨幣流量難以控制，越來越沒有價值，金價等貴重金屬價格飆漲。世界不景氣，商人幾乎個個是愁眉苦臉。房地產價格一落千丈，財經損失的規模可說是空前，甚至是絕後的。藍領階級罷工與反開放的風潮，使社會貧富差距日益加大，加上被國外禁制與日益缺乏的資源油糧，過去過份依賴石油的各種工具器械，因缺油而嚴重停擺，無法生產、運送，許多商品更是乏人問津，能源開採的速度永遠趕不上消耗的速度，反而加重了地殼的不穩定性，美政府對這種不能為又不能不為的情勢可說是百病叢生、回天無力。

美國雖仍保有相當大規模的戰備儲油，但消耗速度遠比出產速度快，真正成功運到海外補給的總是不足。這讓太平洋的美軍戰略與部署受到很大的限制，戰術動能嚴重低落，即使美軍想為國作戰也常顯得心有餘而力不足。因國家財政困難與政府動亂、人心變異，美國的軍隊人數持續減少，許多海內外的基地都關閉，武器研發能力也被影響，已難有效地防禦國家，尤其是對大傳統型的戰爭更是日益困難，這給了俄日中的海軍有機可乘。美國政府內部就有許多派系互爭不下，互相指控別人是間諜、不愛國，還爆發生一些衝突與密謀曝光的事件，二戰後五零年代初的反紅恐佈又再重演。政府在全國人民的心中的形象與信任感快速下降。打著自由的口號拒繳稅的人與逃兵到處都是。

戰爭──(M8-1)

時間到了 2030 年六月之時、不願自相殘殺的中俄日三國反而協議結盟起來，三國領袖秘密地在巴黎簽訂協議，共同繼續對付美國、以色列與木葡勢力。

在 2030 的下半年，有濃厚不去的神秘雲霧籠罩著各海洋與北美大陸，天空出現不尋常的四次日暈，像是要對美國人民警告，要人團結、求生存。

此時期的北極剩下的冰山又迅速地融化，造成許多地方的大洪水，河水氾濫，加上地震頻仍，東北部沿岸災禍不斷，航運也大受影響。短期內，墨西哥與中美洲各國也難逃洪水肆虐的命運，巴拿馬運河變得很寬闊，太平洋與大西洋像是連在一起般。大批中南美洲的人民向北遷徙逃難，自身難保的美國南方地方政府擋不住這些不斷湧入的外國災民。巴西北部被海水倒灌，亞馬遜河流域森林損失嚴重，許多沿岸的大城都被摧毀。南美洲南端的智利與阿根廷也有大地震與大破壞，然而，這些還只能算是美洲苦難的開端而已。

大溶冰後不久，挪威外的大西洋出現了數不清的飛機與船艦，穿過溶冰後的北極海，向北美大陸移動。此時正是美國緊急呼籲各難民輸出國家雙方放下武器，謀求地球和平安全的時候。這支大軍後來分成兩部分，一支向東，似乎以紐約為目標，一支向西，以西雅圖為目標。

2031年初的冬季，俄軍與美國的對決達到了高潮，美國本土也無法避免成為戰場的命運。俄國關切著歐洲的威脅，除了要對過去報復西進歐洲所造成死傷慘重的結果之外，面對積極備戰、久攻不下的歐洲，在大戰略上也一定要先除去背後撐腰的美國才行，又當時美國處於紛亂不團結的時候，正是最佳的下手機會，莫斯科與北京、東京的領導人便暗中計畫對美國作全面徹底的間諜滲透與武力攻擊，利用並製造美國國內的大動亂，無暇他顧時，一舉消滅這個已漸趨沒落的大巨人。從過去兩次世界大戰得到的教訓，要對抗美國的國家都深知：若不徹底摧毀美國本土，遲早將要面對美國這個龐大兵工廠的生產能力，即使在其他戰場得到勝利，也將只是暫時優勢而無法得到全面的勝利，美國還會源源不斷地製造武器與派人參戰，所以一定要斧底抽薪才行。俄共有三支遠洋艦隊，其中的第二支已因缺乏補給IX97，情況岌岌可危，故想鋌而走險，發動對美的正面攻擊，積極奪取美國的資源，至少要能打垮美國，使之不再成為威脅。這項計畫只能成功，不可失敗。不僅要精確迅速，更要聯合其他國家共同對抗之，以分散可能被美國報復的風險，減低自己可能承受的巨大損害，而各種欺敵的手段當然是少不了的。戰爭目標是消滅美國的大規模毀滅性武力，藉平亂之便接管美國；至少可以不必再擔心美國的介入與干擾了。許多俄人回想起數十年前的古巴飛彈危機，這次的攻擊計畫決不應該是那麼「小兒科」的，此時的俄國人懷著雪恨與野心，比過去更堅強且有決心動手。

戰前的2030年12月俄國秘密積極地準備攻擊美國，他們縝密地計畫針對美國的情報、金融、後勤、主要的實體基礎建設與民間基礎建設、從太空以至於海下的軍事關鍵點進行全面的點穴總攻擊。美國國家飛彈防禦系統（NMD）成了必須突破摧毀的頭號防線。他們還將美國的核武儲藏地與各主要武器所在地調查得一清二楚。幫忙俄軍的還有許多長期潛伏在美國各地的第五縱隊和被收買或不滿的美國各階軍官政要，尤其是一些戍守前線的軍官。摧毀敵軍的指管通情，可以使個別的核子潛艦與艦隊群龍無首，進而限制敵軍的活動。在可怕的大規模協同攻擊前，美國國內各地有許多內亂爆發，加上許多爆炸與破壞事件，大禍的黑影已臨在美國的身上。

美國中央政府對各種國內向心力不足，有一些反政府的暴動組織為亂，政府忙於應付國內的叛亂，加上外來危機重重的情況，早已是焦頭爛額了。不是紙老虎、國力還很強大的美國在戰爭中對俄國的軍事動作當然常懷警覺，無奈在行動時往往是心有餘而力不足，處處受到掣肘，除了中央號令對各地方與各部隊多已失控，還深怕自己嚴重受限的攻擊能力會招致俄國的自動報復機制，即從冷戰以降聞名於世的「末日機器」，甚至地方政府之間也有對立的疑慮。六神無主的高層政軍領袖面對許多可怕的消息或消息寧願相信那些是假的，歸之為敵人的謠言，即使是真的，仍不確定何時與何處才是俄國攻擊的主力與目標，如何防守更是困難，不相信紅軍在歐洲受到重創後還敢來冒險。要不要先動手先打中俄等國又成了另一個爭吵不休的議題。然而，戰機總是稍縱即逝的。

地球的太空軌道中，人類繼和平號與國際太空站後，以美國為主，所建造的更大、可供人常住的永久性太空站，過去也曾在若干戰爭中扮演特殊的角色，這時也出了問題。這太空站在某日竟突然發生爆炸，從天上墜毀下來，像是顆藍色的流星，人解釋為一個不祥的預兆。美國認為自己遭到敵國攻擊，她與中俄日之關係面臨爆發衝突的臨界點。

2030 年接近過年的某個夜晚是美國的彈藥庫與許多重要軍事基地的大末日。先是美國東岸，接著西岸的海底都有數不清的潛射飛彈從海平面下破水而出，像是成群飛起的白色海鷗，之後，多彈頭又像各處飛翔的燕子，多數飛彈都精確地瞄準了不同的政經軍事交通等目標。在精密的設計下，美國飽受水災地震的東西兩岸頓時成了一片火海。此外還受到細菌、化學、神經、毒氣與海嘯炸彈等武器的攻擊，造成各地不少強烈的颶風和燎原風暴。美國雖然有全國的飛彈防禦網系統，但再攻擊中被證明是功能不彰，處處出狀況的系統，使升空攔截的飛彈也以失敗的居多。這些大小攻擊有些是來自海上、有些則出自國內、也有是意外的結果。

美加設置的NMD防禦功能有限，許多情報早已外洩曝光，加上長久的天災摧殘與國防經濟不振，許多站點不是被毀壞、就是被棄守，指揮系統紊亂，謠言與錯誤層出不窮，最後並沒發生整體抗敵的效果，使該防線宛如二戰時的馬其諾防線。戰爭進展得並不快，但秘密的戰爭如滲透與間諜戰早已如火如荼地進行中。進展緩慢卻危機四伏的戰事中，美國在震驚之餘，被打得措手不及。過份倚靠高科技，當高科技武器失靈時，軍隊即使想好好打仗，但也難免會亂成一團。

當然，美國在承受第一擊後，少數單位也在準備第二波的反擊，但因指管通情系統在敵軍初擊時便毀損嚴重，各雷達站的警訊被干擾或切斷，多數無法聯絡到作戰指揮中心，像是被遺忘、各自為政的幽靈部隊一般，所以能真正能有效發射的飛彈相當有限，而且俄中等國先前還作了許多反制的準備。在潛伏的特工們進行重點破壞後，俄國的先鋒部隊乘坐大型氣墊船，迅速穿透水雷與地雷區域，配合空降部隊切割突破，佔據了許多北美沿岸的重要防禦據點。

美西的數座大城與海空基地被彈道飛彈猛烈奇擊，人民四散逃亡。那一日，美國在太平洋的武力可說是遭到徹底的摧毀，也是美軍歷史上最黯淡的一日。這是美國在獨立與南北戰爭後，本土受創最為嚴重且可怕的戰爭，甚少被外國攻擊的美國，頓時陷入全面性的恐慌。就這樣，走極右路線的美國，遭到中俄紅軍與日本的武力，加上國內法西斯主義者的叫囂與內亂，陷入了從未見過的悲慘。

受到攻擊、態勢不明的美國高層不甘示弱，並不願屈服於俄中等國大力推銷的招降動作，用各種還聯絡得上的軍事單位，進行反攻，但大都零星且軟弱無力。中日俄等國見美國中央政府仍態度強硬，為了免夜長夢多，希望能永除後患，決定立下重手。

俄海軍在初始的攻擊後，在美國東北有更激烈的戰事。登陸的兩棲與陸軍部隊主要在北緯四十五度VI97、加拿大東部半島 Nova Scotia 省的首府海港 Halifax 與守軍發生激烈的空中對決與飛彈攻防。後來，順利登陸的俄軍開始迅速深入，向美加邊境的五大湖的密西根州進兵，選擇這裡的目的是想充分利用氾濫的五大湖水與連成一體的密西西比河，全球上升的洪水已長期地將美國「切成」東西兩半，只要俄軍控制河道就可由水路長驅直入，方便補給與進攻。臨時的國家作戰指揮中心苦於各種應付各種情報，又在加拿大境內屢遭伏擊，不敢再派大軍攻入危機四伏的加拿大境內，改在國境佈下重兵的守勢，並依戰前的模擬迅速建立數道防線，希望能以逸待勞。過多的滲透與破壞，使美國各軍區的高層將領想好好打正統兩軍對抗的想法也難以實現。

入侵的紅軍到了密西根州的中間，便分成兩支，一支向東、一支向西，像是在擴大穩固佔領根據一般。向東的沿著伊利湖攻到克里夫蘭。向西的一支大軍則殺到了芝加哥大城。形成了一個像是英文的「W」形狀的攻擊路線。玩過圍棋的人都知道，這有些像是鬥「長氣」，免得還沒站穩的棋子被敵方輕易堵死。在這些攻擊目標達成後，俄軍看美國尚沒有屈服的意願，便集中火力直奔美東的政治軍事核心而來，迫使守軍早早就範。

接下來，東岸升起了滾滾烽煙戰火，一片白色的毒霧籠罩。全部的美西海岸以及洛杉磯市都陷入白色毒霧之中。之後，美中的聖路易市與堪薩斯市也遭到毒手。南方的紐奧爾良等城市也被敵人以毒氣彈攻擊，眾人都在逃亡，咳嗽掙扎，各城市的人跡稀少，上百萬人民死在街頭，美國南方最後的自由精神隨之死去。

北美上最大規模的天災人禍狀況大致綜合如下：

不與本土相連的外州

阿拉斯加與夏威夷受戰火波及，轟炸後還有巨大的天災。夏威夷有火山爆發，人民苦無退路。阿拉斯加中部的葛里立堡建立的多層次彈道飛彈防禦系統被攻擊摧毀，或失去功用。

太平洋岸

加州首先有破紀錄的大洪水。華盛頓州南邊的聖海倫火山爆發是警訊。南加州好萊塢風光百年的大舞台也因大地震而毀壞，不信神的人在呼喊神名 IX83。天災後人禍不斷，西雅圖被飛彈攻擊和水淹。奧立岡州雖少被飛彈直接攻擊，卻仍有生化武器的威脅。舊金山像是被攜有氫彈的洲際彈道飛彈攻擊全毀，人屍遍佈，活著的人也都因強光而盲目。海水倒灌，灣區消沒在水中。洛杉磯的大部分也受到同樣的命運。後來，加州和半個華盛頓與奧立岡州埋沒在水下。

美西本土被軍事攻擊引發大恐慌。擁槍自重的暴民四起流竄，爭奪糧食、汽油財寶與女人。軍警忙於撲滅國內的混亂局勢，甚至有許多有火力裝備的軍警反成為更大的亂源，掠奪殘殺尤勝暴民，紀律蕩然無存。戰亂中不同膚色的種族衝突更是明顯。美國，尤其是當權的白人政權，在其歷史中所犯政策錯誤的後果在這次大戰中作了痛苦的補償。

大西洋岸

紐約以下賓西法尼亞、維吉尼亞、田納西東部、喬治亞、佛羅里達等州都被風災、水災、地震與後來的敵人摧毀。紐約在被一枚黃金色威力強大的飛彈攻擊後，造成極大的地震，城內80%進水，水質也被硫磺污染，並被敵人攻佔 X49 IX48 I87。北卡羅來納州、亞特蘭大像是破了個大洞，佛羅里達州大部份沉沒，還在水上的則像是海中的孤島，多數人都死難了。南卡羅來納州的海軍基地成了俄國潛艇停靠的基地。

南方海岸

德州大部分的地方都被水淹沒，休士頓市沒入水中，達拉斯市還被炸，其北邊的奧克拉荷馬州有洪水氾濫似湖。德州東鄰路易斯安那州的水風災情好些。佛羅里達州也會有大戰火。

美中西部與美南

新馬德里斷層發生大地震，自俄亥俄州裂向密西西比州，並影響附近各州與城市。

密蘇里、密西西比、阿肯色、阿拉巴馬、田納西西部與肯塔基等州過去有有熱浪和雹與大雪，同時也被大地震破壞，致使許多人死亡，疫病流行。阿肯色首府小岩城毀壞嚴重，田納西中部災情尚輕。

中部最大城市芝加哥被攻數次，城南災情嚴重。戰火也燒到辛辛那提市，印第安那的首府印第安那波里斯市也遭到嚴重的攻擊。這些城市被到重大攻擊是為了入侵者行動作鋪路之準備。

密蘇里州有四處大水聚積處，明尼蘇達州有一大三小個災區。肯塔基的災情尚可。西維吉尼亞州的人都躲在崎嶇的阿帕拉契山區與丘陵內。

美西

美西大峽谷有大自然災害，從黃石公園到蒙大拿州有水火災和地震，影響範圍包括亞利桑納、猶他、懷俄明西部、愛達華東部、蒙大拿西部等處。內華達和猶他州還被敵人侵入摧毀。猶他州的摩門教教堂毀壞，美國在內華達的沙漠基地也被消滅。賭城拉斯維加斯則賠上了自身的性命。

美國尚稱完好的區域只剩密蘇里河以西到美西的之地。

將戰場轉到美西：除了東北下來的俄軍外，太平洋岸賀君與日本的部隊在西岸大毀滅後輕易地長驅直入，恣意行事。他們佔領的時期雖不長，但給美西的人民與好戰份子和宗教人物又是一次大的血洗。中國在美西實施戒嚴，並在猶他州的鹽湖城引爆核武，造成美西山脈的大震動。美西有細菌、化學武器的戰場，到處可見無政府下的殘暴、幫派盜匪肆虐，野蠻的各種惡行，持續達數個月之久。

在俄國動手後，忽見大血光的美西成了各類「吸血鬼」的天堂，日人立即利用機會落井下石。其藍水海軍挾其大量的小型、隱形與直昇機航空母艦，與飛彈潛艦與攻擊潛艦從多方向突擊美國在太平洋的海軍勢力，歷史似乎又再重演二戰時的珍珠港事件，夏威夷的太平洋美軍基地受到嚴重的破壞，美國在太平洋的軍力部署大亂陣腳。在強大的大和海軍攻擊下，節節敗退，損失慘重，美西於是門戶大開。這次攻擊也埋下了日後美國對日本誓報此深仇雪恨的種子。

提到仇恨，賀君早就想報過去在美日聯手時美軍毀壞長江三角洲的一箭之仇，也想用不斷的軍事勝利來麻醉國人的反抗意識，並藉以提高自己的統治威望，以繼續在中國享有最高的權位。他很清楚，若美國不倒下去，對自己的統治與帝國永遠是個極大的威脅，而過去發生在世界各地的中美衝突也可以好好算個總帳了。在中美長久的對立下，兩國領袖間的關係更是勢同水火，彼此妖魔化對方。中國雖有強大的陸空軍武力，但海軍能力則無法作大規模的遠洋登陸攻擊。今借助大和海軍之力跨海一戰，正可以狠狠地報一下仇。

中日大軍計畫穿越太平洋在美西登陸。日本強大的泛太平洋海軍配合中國的遠征陸軍，加上兩國的海軍陸戰隊浩浩蕩蕩地穿越過太平洋。過去雖然曾經軍容壯盛，但已士氣不振，且補給修護不良的美國第三艦隊美國在太平洋各島的部署徹底失敗，退回到本土的聖地牙哥與其他尚可躲藏之地，整個北美之東太平洋海軍武力喪失了大部分的戰力。火力強大且複雜，過份精密，維修製造不易的美式武器此時反而成了美國長期抵抗紅軍與日軍時的不利戰爭因素，又有不同類型的戰爭型態使美國難以全心投入戰鬥。面對西來的大軍，首當其衝的美西沿海各大港口與城市，大都受到無情的戰火與洪水大火的摧殘，大批人民混亂地向內陸遷徙，敵人尚未登陸，許多地方早已被暴民破壞掠奪殆盡。賀君的遠征軍元帥將共產主義的統治與作風也帶到北美大陸，與美陸軍殘餘的第六軍區部隊交戰，美西軍隊士氣極低，更別提各州的國民兵了，除了集體逃兵外，許多部隊甚至不戰而降的，對美西人民而言，美國已算是亡國了。中日大軍在甚少阻力的情況下進兵神速、勢如破竹。

入侵的軍隊除了也對付暴民外，對窮人與弱勢者多是網開一面，並吸收利用他們來與有錢有勢的人爭鬥。有權有勢的人財產被充公，命在旦夕，在被佔領的美西部份地區像是出現了數十年前中國大陸文革時代的影子，不同的是當地種族的因素使鬥爭更加白熱化。這在旅居美加的新舊華僑社區中也不例外，有些人得到平反，但也有許多人被冤枉送命的，幾乎人人都在逃亡躲藏。美西的南部湧入許多難民。尤其是科羅拉多、猶他、亞利桑納與新墨西哥州的山區與沙漠邊緣成了四方來的難民庇護所，而印地安的荷比族保護區也在安全地帶中。除了犯行重大或沒有什麼利用價值的犯人外，中國解放軍所到之處都打開了囚禁的監獄，釋放多數的人，在亂時，獄政早已混亂。越獄與新被關的人不計其數，許多人因而未審冤死。賀君這樣做的目的，一方面是為不平受禁的人平反，就地拉攏反美各地方政府的勢力，以他們為攻擊的引導者，讓自己看起來像是正義之師；另一方面也釋放了許多曾讓美國頭痛，痛恨美政府的人出來，利用他們擾亂社會，牽制、對抗美國在各州的政府殘餘的軍警力量，其中不乏有名的殺人犯與政治犯，利用這些人的恨怒除去死硬抵抗的敵人。當然，賀君的遠征軍在暗中也不會放過內華達州藏量豐富的金礦，這類關於財富的搜括之事。

俄國大紅戰爭機器長驅直入，終於擊潰美國東北前線的陸軍第一軍區，繼續攻打陸軍第二軍區的戰區。這時的戰況激發了許多美國人維護家園的團結奮鬥意識，想固守每一吋國土，心情有著難以訴說的悲壯與蒼涼。入侵者沿著阿帕拉契山脈前進南下，目標是佔領華盛頓。

陸戰持續擴大時，禍不雙行的美國又有新的惡客臨門。飽受洪水天災侵襲的中美洲，許多居民開始向外逃難遷徙，而墨西哥灣四周的國家，如古巴、尼加拉瓜、與墨西哥等至少五個國家聽聞美國對中美洲人民的虐待殘殺，便聯合起來向遭受嚴重打擊的美國興師問罪，實則趁火打劫，利用俄軍與美國糾纏血戰的時機，派遣精銳的聯合部隊從海路登上美國的土地。原來北調的美國陸軍第二軍區部隊似乎需要回防，但面對紅軍的猛攻，難有能力再調兵出來。許多中南部州的州長與州民防指揮官都聞風先逃跑了，難民都向美中西部或美西南逃難。這支南方出現的黑色軍隊在成功登陸後並不急於投入戰場，而先在美國破碎的海岸上整備，並嚴密監控北邊的戰事，伺機而動。

交戰團體間先進傳統武器間的大對抗，美國腹背受敵，雖然是以熟悉的國內作戰場的優勢，但卻沒有佔到什麼上風。美軍內部也出現很多叛變的問題，對政府與領導不滿往往是主要的原因，甚至有互相開火作戰的情況。美東雖仍以華盛頓為作戰指揮中心，西南各方的作戰其實是各打各區域的，五角大廈早被炸得面目全非，各區域的部隊用輔助防禦系統艱苦地抵抗敵人的入侵。原本功能不彰的全國指揮中心與防禦系統此時更形同瓦解，各區域各自為保衛家園而戰。兩架「空軍一號」也被獵殺摧毀。

美東戰事繼緬因州等地之後，阿帕拉契山脈北部地區與哈得遜河上游成了主要浴血的戰場，紐約州與賓州發生激烈的山區戰鬥，炸得山崩地裂，河湖沸騰。數十年前美軍在越戰使用過的落葉劑又再出現，使山區原本茂密的樹林被戰火摧殘殆盡，蒼鬱的山頭都變得童山濯濯，交戰雙方仍不斷投入大量軍隊，雙方死傷都非常慘重。除了戰爭外，士兵還需面對過去棲息在森林地底的生物，各種怪蟲的地穴被戰火破壞，都鑽出地表來到處攻擊人類。俄國的間諜早已知道美國在第一波後還存有龐大武器的核武倉庫，後來在戰事膠著時將，秘密交給南方的入侵者，希望能有生力軍來幫忙夾擊守軍。接著，俄國與中美洲的間諜來個內外夾攻，一日之內對多處藏匿重要武器的地方進行精準轟炸和爆破，造成極大的浩劫，整個美國燃燒了起來。這些爆炸中也有類似炭疽熱、肉毒桿菌等大規模生物病毒武器的爆炸，使得身在火線的俄美雙方發生嚴重的死病，戰力喪失，受創嚴重。紅軍也沒有討到先前想要的大便宜。紅白雙方因此協議暫時休兵，但此並不代表任何真正的和平契機。

約在紅白雙方遭到重大傷亡之際，攻擊美國的中俄紅軍領袖發生嚴重歧見，中日除了要徹底打垮美國外，也想要討好中亞阿拉伯世界，做為自己的屏障，並同意與他們一起摧毀歐美的耶教(天主教)與以色列一神教的信仰，完全瓦解歐洲的結合精神力量，才算是釜底抽薪之計，可以順利地接管歐美。東方人並與中亞阿拉伯人的各國勢力聯繫好，共商拔除阿拉伯世界的的眼中釘--以色列，佔據其重要的地理位置。俄國領袖雖然願意打美國，但國內對開闢其他新的戰場則有相當大的反彈，多數人不願再碰傷心的歐洲與宗教問題，中日見俄不從，於是聯合其他中東國家興兵攻擊駐歐與中亞的俄軍，大敗之，並將俄軍打退到巴黎。後來雙方停火，且達成協議，要俄軍的將軍們作攻擊以色列的最高領導，結合其他國家的武力，協同進行攻擊以色列。

此期在世界另一端的以色列因缺乏美國的支持，也無法求助於他們的美國落難弟兄之奧援。他們一直具備強大軍力的情況，在阿拉伯世界中如同芒刺在背，阿拉伯人欲除之之心已久。當時，俄、利比亞、伊索匹亞和伊朗會入侵以色列，有中、日、俄軍和阿拉伯的大群飛機與各種車馬的大陸軍從戈蘭高地、Yarmouk 河谷向以色列聖城進兵。同月中，以色列被敵人攻破，戰火使人民逃散，並使許多牛群死亡。中東一帶的木葡教徒也死傷慘重。耶城與伊斯坦堡都被攻陷 137。此戰後，俄國難忘中、日這種趁火打劫的行為，伺機準備向東方的賀君與日本等國報復。

螳螂捕蟬，黃雀在後。歐洲方面在法王的領導下，利用敵人抽調大批軍力攻擊以色列的時機，整軍從敵人手中收復許多歐洲的失地。以色列的敵人雖然成功擊敗以色列，但被背後的歐洲武力攻擊，節節敗退到東南歐與中亞一帶。法王的聲勢也在世界傳得更廣，許多歐洲人團結起來，再度燃起了希望。中東戰火過後，曾勢蹙的木葡餘眾又冒出頭來，想起死回生並爭奪新的地盤。

同時期的一位來自約克郡的裝甲軍官會推翻英國當時的暴政，安慰人民。他將引領裝甲雄獅與法王一同長征歐陸以東各國，一路上殲敵無數。

回到北美戰場，暫時的停火期間，俄國的野戰元帥見傷兵累累，武器兵源後援不足，且久久攻不下美國，又有中日在掣肘，便派出兩隊特種部隊去執行挑動在南邊久候的「盟友」，如古巴等國，希望聯手攻擊華盛頓的南方。這支特戰隊成功滲透，並繞過美國堅固的防線，並攻破一處惡名昭彰，主要是囚禁來自中美洲之西班牙人與黑人的集中營，不管過去是從哪一個國家來的外國人，都受到嚴重的凌虐與屠殺，不遑多讓二戰時的納粹黨集體屠殺。南方軍隊的大元帥早就對這個情報有所耳聞，但他還是難以置信。有位在集中營中工作的白人女子像是提供給特戰隊一捲似頭髮大小的錄影媒體，媒體中她主動地將集中營內所發生的一切慘絕人寰的事攝影記載下來，後來她因為受不了而起來反抗集中營，將情資傳給紅軍。俄特戰隊將這卷她偷錄的錄影帶一併交給大元帥。特戰隊沿著詹姆斯河秘密來到南方軍隊的地盤，最後見到了大元帥，在說明來意後，大元帥看到了這集中營內女人所做的紀錄。研究觀看後，大元帥非常欽佩這女人的勇氣與博愛精神，將特戰隊帶來的女人好好安置在一個安全的小島上(古巴)。

接著，中美洲的大元帥挾著盛怒誓師北討，要為死難的同胞與戰士報仇。早已精疲力竭、彈盡援絕的守軍無法抵抗這波來自南方的攻擊，能飛的、能跑的武器幾乎都已用盡或失效，華盛頓很快地就淪陷了。中南美大元帥繼續北上進入兩軍惡鬥的殺戮戰場，見到紅白軍力已如強弩之末，便有意一統北美，就不管是美國人、還是俄軍，通通都當作是敵人。首都華盛頓落入大元帥之手，志得意滿的他，也想把外來的紅軍消滅或驅逐出去。

在華府的山丘上，大元帥拿起望遠鏡向四處察看他的戰果，看到遠方有個將雙臂交叉胸前的印地安少年無畏孤單地站在美國國會（Capitol Hill）的山上。他的心頭一震，突然覺得有些莫名的壓力，他面對的是真正美洲人的無畏與神聖，又想到自己可能的印地安人血統，覺得不應侵犯。想到自己相對少數的軍隊，雖然打了場大勝仗，但局勢尚不穩，思索下一步要怎麼走才好？

大元帥於是放棄了原先的計畫，向東先去進行掠奪，看看有什麼可以立即犒賞與補償遠離家鄉的軍隊以提振士氣。他雖想進入紐約，但因為錯誤地釋放了嫌累贅的俘虜，行動消息又走漏了，所以只會停留在離紐約有相當距離的遠處IX92。

2031/6在北美，受創的紅軍武力在又濕又久的夏季裡得到補給與休息，漸漸地恢復攻擊力。

這時，從海上吹來一個消息：從歐洲方向的天空過來一道極大的光亮，不是太陽，但從太空照下來的光芒就像是另一個太陽，經過大西洋向美國東岸前進而來，老遠都可以看見，晝夜都可以看到它。大元帥見之大驚失色，難道那是歐美人在歐洲新發明的超級武器？大元帥緊急向被俘的美國情報人員與本國聯繫以瞭解情況，知道一些情報後，大元帥立即倉惶地乘潛艇出海向南逃回到自己的國家去。他的部隊也接到命令立即撤退，各自向南逃亡。

東北方的紅軍也遠遠地看到那刺眼的光體，大光下不知來了多少美歐的戰艦與軍隊。從歐洲來的前導軍隊，也開始迫近與先期對北美的攻勢。紅軍官兵見狀，已無心戀戰，匆匆地向北方撤退，一路燒殺掠奪，並俘虜若干美國過去的要員作人質，回程路上的人民又經歷了一次浩劫。俄共選擇向北海路躲避，緊急用各種載具退回母國。

俄軍撤退，而入侵美西海岸的亞洲人，也被打敗退回。中日軍隊也看到遠遠天上的大光，深覺戰況不利，認為該是從北美抽身撤退大軍，進行自我防衛的時候了。他們在各佔領地區內大肆搜刮，並破壞許多重要的設施之後大撤軍。過去美西的繁榮已不復在。

美國這一年的春天來得特別晚，見敵人全部退去的北美人個個歡欣鼓舞，雖然承受了極大的打擊與失落，終於在破碎的家園中找到了新的希望。

這耀眼的大太空光體是三戰最偉大的發明之一，像二戰時的原子彈一樣，有扭轉戰況的能力。它可以揭開暗夜的神秘，讓敵人無所遁形。過去美國有「微米」間諜衛星長駐在中東上空22300哩，而此時最新型的同步行動式攻擊衛星配合自給能源技術成了最佳的一種廣域強力照明與干擾的超級武器，其可以停在定點上空，也可作前進後退的動作及轉換軌道。因這項新太空武器的出現，使敵國的衛星大都喪失了應有的功能，而使依靠衛星作戰與通訊等的敵軍戰力大損。殘存散亂的美國軍隊得知從歐洲前來的援軍，美東殘存的武力與想報仇雪恥的軍人在敵人撤退後作了一次大集結，找到若干還能用的船艦，航向那片光明與支援的大艦隊。但另外也有一些對戰爭深惡痛絕的白人官兵與人民則不想再到歐洲打仗，不想再瘋狂地流血了。許多東部人紛紛放下武器，加入在華盛頓的年輕印地安領袖之和平行列。

前兩次大戰都是美國派兵去救援歐洲，風水輪轉，這一回反倒是歐洲人來營救美國了。世上會有無數的人討論這曾為世界超強的美國為何會如此一敗塗地，除了美國政府長期在指揮、情報、士氣與國內戰爭準備上發生嚴重失誤的問題之外，也許還包括身為眾矢之的的多種族民主國家、長期對世界外國之操弄和所戴的面具所當付出之各種代價吧。

在美西南部的難民避難地出現新的藍色旗幟，冉冉升空，旗上有顆大的蘭星，新的美利堅共和國於廢墟中再建立起來，不分種族的人民也共同攜手再團結振作起來。戰後的白種人沒有過半。而美洲的印地安人藉著東方人戰爭間接的幫助，戰後因為印地安保護區收留了許多逃難的人民，難民飲水思源，人數雖沒有難民多的印地安人在戰後終於結束了數百年來的不幸與卑微，重拾自己族群在北美應有的角色。未來的新美鈔圖案也不再是有眼睛的金字塔，取而代之的是強調自然和諧的印地安人圖樣。

政治—(P8-2)

歐洲方面，法王摧毀回教徒的攻擊，消滅暴君與邪說。其國的統治會一直到末世邪惡之子到來後才終止。其時天主教世界有 12 個國王，1 個皇帝，一個教皇。沒有幾個有錢的紳士，全是聖人，醫生也很多。人喜愛理性和公義。原由 Henry 五世開始的法國第五共和，直到此法王之時結束。

回到亞洲，2031年中國境內的南方有反抗賀君的勢力逐漸成形，他們打著義師的旗幟，以紀念統一三分的前中國聖王作號召，賀君因歐洲的情況惡劣，已陸續撤回許多遠征駐外的軍隊作整補。

南方的人民普遍要求軍力強大的賀君完全停止在歐洲與中亞的戰事，立即為過去中日戰爭死難的同胞報仇積極抗日，賀君面對這股強大的不滿浪潮，先是公開地作各種拖延、敷衍與誘騙，另在暗中進行鎮壓消滅。後來南方的反對勢力揭竿反抗，開始公開反對賀君之通敵，2031還在易守難攻的西南山區宣布獨立，並與藏人互通聲息，號召全國推翻賀君的殘暴統治。賀君聞之大怒，派遣大軍進行圍剿缺乏奧援的南方，在高塞山地部隊的攻擊下，短暫的獨立最後還是以失敗收場。

當賀君忙於東征西討時，中國境內也出現了有組織規模的反抗力量，新的勢力藏身於西南的險峻山川河谷內，與當地各少數民族關係密切。起義的領導者為一道德高尚的人，推崇紀念過去仁民愛物的歷史人物，號召並接納流亡與反抗賀君的人，建立公正公平的社會，募集有相同理念的仁人志士，積極籌建一個新的國家。憤怒不容的賀君立刻準備以武力及其他方法、對付消滅這個新興的敵對勢力，避免其坐大來威脅自己對內對外都都陷入危機的政權。一場中國境內的戰爭正在蓄勢待發。

西方再現

第九章　西方再現　2032-2033

歐美兩支強大海軍誓師會合，向東進兵，西方人用強大的飛機、航母與潛艇反攻東方敵人

《武侯百年乩其二》《諾斯查達姆斯預言》《諾斯查達姆斯給子書信(2)》

西方大海軍使用新式威力強大的氣象與太空照明武器

《武侯百年乩其二》《Merlin 預言》

法王在聲譽達到最高後，歐洲各國設計陷害宗教徒，法王不久逝世

《諾斯查達姆斯預言》《Monk Adso 預言》《歐美其他預言》

第四及第五個核彈攻擊將發生在一個已經經歷血腥革命的國家（印尼？），在此國家將造成一百萬人死亡。並且因此國家的貧窮狀況，（佔領的軍隊）將接收鄰近的三個國家（可能為新加坡、馬來西亞、汶萊），並統治 15 年。第十六年時，有一個移民血統的人將統治這個國家，並將分裂為八個主要的省，

並各自掌管內政

《西班牙預言》

在印尼蘇門答臘島西北的亞齊省將被大軍包圍攻擊，爆發大海戰，日本與其回教盟邦大敗

《諾斯查達姆斯預言》

歐美海上反攻軍聯手攻擊日本，未打中國，中國伐日，日本大敗悲涼，中國雪恥

《推背圖畫 45 象》《推背圖讖 45 象》《推背圖頌 45 象》《諾斯查達姆斯給子書信(1)》

賀軍被西方與俄國人追趕，中國賀君大勢已去。國內大亂，人民想推翻賀君。有大軍功軍權的白鬍將軍入賀君後宮，以異術暗殺之，為民除暴，其眾散逃。中國多金銀寶物

《燒餅歌》《推背圖讖 46 象》《推背圖頌 46 象》《武侯百年乩其三》《諾斯查達姆斯給子書信(2)》

經濟—(E9-1)

在法國西南的土魯斯一帶有人發掘出一處宮殿和歐洲人秘密藏起來的寶藏，這會讓很多人垂涎，吸引各方來爭鬥和搶奪 VIII30 X8。歐洲經濟有復甦的現象，反觀中俄日等則出現能源不足與科技落後的問題。社會上除了民生所需多採配給制度外，人民也發展出如何在戰時應急存活的能力與進行各類地下交易的活動，大家仍要面對不確定的未來與餵養似乎永不飽足的戰爭機器。資源之不足，使人心更加慌亂和險惡。地球上的多數人雖早已非常厭倦戰爭，但戰爭卻不會突然地離人群遠去。

戰爭——(M9-1)

因為美國在太平洋與美西的機場海港等海空基地幾乎都在大戰期間先後遭到敵軍的嚴重毀壞，不足以支援與補給大規模遠距離的跨海作戰，且東方人對太平洋海域必定會嚴加防守。所以歐美對遠東諸國要報數箭之仇下，其較理想的反攻路線是從歐洲打回到東方的迂迴路線，如此還可以步步為營、一路取得陸上的支援補給。進可攻，退可守。

在中東以色列被攻滅的戰事後 VIII96，中亞集結的武力又再一次地威脅著西方。已成強弩之末的阿拉伯各軍隊在乾冷的前線，越顯得衰弱 III4。2032/1 在法王的帶領下，聯合主要是從地中海的歐洲國家，集合了戰火下流散各地且有專長的科學家與官兵們，利用建造多時的武力，協調組成了一支跨國的歐洲聯合海上與陸上武力，並進行一場盛大的誓師大會。這一場尤勝二戰時諾曼地登陸的大反擊，當人們聽到響徹雲宵的馬賽曲，在場的人無不動容與掩面哭泣。

2032/3 得知法王在地中海組織了一支龐大的歐洲軍隊，從美東跨越大西洋、重整過去以美第二艦隊為主幹的一支強大的艦隊也趕赴歐洲，協同法王對抗從東方來的新威脅。他們先拯救安定西班牙與歐非之間的情勢，打通佔據直布羅陀海峽兩岸，之後，便聯合向東方進行大反攻。

反攻前，歐洲盟軍以新的海洋造雨與其他新武器的高明技術，先在法國東南海邊作大型試驗，在夜晚時竟能出現彩虹。歐美科學家在暗中發展製造許多新式武器，讓長年征戰、疲憊不堪的敵軍在傳統武力漸漸無法抗衡。中俄關係鬧僵敵對後，法王聯合親歐的俄國領袖向東反擊，對抗中亞帝國 X86。西方的大海軍橫跨地中海，使盤據在波斯灣的中亞帝國艦隊的武器在暴風雨中失效而無用武之地，中亞艦隊終被擊潰。中亞與非洲的陸上的武力不敵，紛紛敗撤。強大的反攻軍使任何國家都阻擋不住，地中海沿岸各海港一一被他們所收復。

北美與歐陸雙方雖然都打著基督教的大纛對抗回教徒與其他勢力，但中東與遠東各國間仍為自己的政經軍事利益在盤算著，又在敵人與反攻目標上有許多權責上的歧見與衝突，結果當然是難逃敗逃的命運。西班牙先被光復，讓反攻軍減輕了從南方來的可能顧慮。

2032/9 在陸路上，有兩支大軍會在麥地亞、阿拉伯半島與亞美尼亞三處整軍 III31，土耳其王子會來挑戰法王，法王會打敗他的軍隊。法王的艦隊也會逼近伊斯坦堡，逐出中亞的結盟軍隊 V80。法國境內最後一場與中亞帝國大戰之處是在其東南的度蘭斯河一帶。該戰後，中亞軍隊就不再能踏進法國的土地 III99。法王會用跳躍的方式攻反攻入義大利西北之地，海島也會同步起義反抗入侵者 IV37。來自西歐的反攻軍隊在接近伊斯坦堡處逐出該帝國的勢力，連木葡人的地盤也要為之讓路。法王登陸地中海東岸，並收復了去年被攻佔而殘破的以色列。接著，法王會投入所有武力在幼發拉底河紮營等候，並渡河大敗對方。那裏的歐亞地帶都將由法王統治。在賀君管控制下的印度會有一些小王們受到指令向西進軍，他們用強大的陸軍攻入敘利亞，並會在 Jehosephat 谷設立據點等著法王來攻，但法王會將他們的部隊完全切斷。

因長年的爭戰，以色列在異邦人長期的迫害與佔領下，已變得人煙稀少，殘存的人分散各處。位在耶路撒冷的耶穌聖墓也成了農舍 III19。後來被分開成南北兩個國家，繼續在環伺的阿拉伯國家中起起伏伏。

2032/11 法王在建立由難民所組成的王國後，親自到聖城耶路撒冷，不久便病死該處。雖然他的遺囑是希望被葬在法國巴黎西南羅瓦河畔的布洛瓦市，最後人們將他與象徵王權的寶杖與皇冠共同埋在耶城的橄欖山上。在死前，他已看到所有努力都結成最甜美的果實，他在世界上的聲望也到達了頂峰 VI70，幸運的他不必存活下來面對更後來與他並肩作戰反攻同盟各國對他理想的背叛 VI71。

面對歐美的反攻大軍，本來各國就是因利害分贓而臨時組合起來的盟約關係立即受到嚴格的考驗。東方人、俄國人、中亞帝國、北非國家間發生嚴重的齟齬，誰也不聽誰的，各自為政，甚至互扯別人的後腿，結果當然是不敵強大與目標相似的反攻聯軍，而被一一擊破。在歐洲仍有一些影響力的中日之間也嚴重不合，產生很大的敵意 VI58。

阿拉伯世界各國面對強大的海空攻擊，不能團結也難以招架，一支支武力都難逃戰敗投降的命運。中亞大帝國的軍隊從西方與北方逃回帝國，又被來自地中海與黑海的歐美大軍的戰機輪番攻擊轟炸。中亞帝國政權由新人取代，向西方人乞和。反攻軍收復了長久被阿拉伯人統治的地區和國家，而那些地方所說的語言已夾雜著阿拉伯語的腔調了。也因怕中東再度出現失控或列強利益談不攏的問題，況且仗還沒打完下，暫時維持中亞帝國的原有的控制，以使其免於崩盤。計劃待反攻戰事結束後，再回頭好好處理。而這一等就使中亞帝國又再延續了幾十年。

回到南亞來談，印尼過去曾是英、荷殖民地，二戰中並為日本所攻佔，在雖然在三戰前因局勢較穩定，國家經濟發展有進步，但人口數億的該國有三百種族、三百餘種語言和方言，加上眾多島嶼國家的國土特色，長久以來國家團結與溝通都有問題，回教對該國的團結雖有很大的助益。彼國在軍事上雖非強者，但對東南亞的區域影響力甚大。仍必須與地區的軍事強權結合，在中日爭鋒期間，素有排華惡名的印尼，此時更是變本加厲地進行去中國化，以經濟和宗教等名目迫害海外散居各城的華人，當時力蹙的中國無法保護海外的華僑。後來三戰期間，日本人勢力深入南洋，印尼與日本的關係也更為接近。眼見當時西方國家的大軍勢如破竹。回教影響下的印尼也希望能阻擋西方人的攻勢，將阿拉伯人戰敗的頹勢挽回，至少希望能自保。

中日在遠東的防禦佈署又是如何呢？在宗教的敵對形勢下，操控亞洲的中日等軍事強權與南洋回教徒間的合流以對抗來自印度洋威脅的情況是可預見的。大和海軍早積極地在其勢力入侵南洋時就與印尼政府合作，在印尼所屬的各個海峽，尤其是蘇門達臘島控制的麻六甲海峽西邊出口佈置強固的海陸部署。肅清那裏長久的動亂。在那駐軍，以控制印度洋與太平洋間的咽喉，並作為西侵跳板與補給基地。

就這樣在 2033/5，美歐聯軍穿越南印海域，千里迢迢地由歐洲反攻遠東，多島的印尼位在遠東前哨、又為回教徒抵抗西方武力反擊的最後基地，大海戰的爆發幾乎不可避免，蘇門達臘西北角的亞齊省城成了一處東西武力對決的關鍵點。在風雨欲來之前，城中著名的 Mesjid Raya Baiturrahman 大清真寺與圓頂和先後建蓋的其他清真寺聚集了眾多的信徒，日夜不斷地向阿拉禱告，祈求他們能在真主領導下對抗西方強大異教徒的海面武力威脅，並能擊敗敵人。日本在南洋部署防線，並想實現「境外決戰」的安全防禦構想。這些基地自然成了西方遠征軍的眼中釘，必欲除之而後快。

對西方研發出來的新科技秘密武器，東方人則顯得有些難以招架。大戰期間幾乎是無孔不入的東方諜報人員，雖積極竊取西方情報，但對這類秘密武器也無法偷到手，在中亞與東方勢力衰退後，諜報網大部分都被破壞，而且若要以武力強力破壞這類武器的實驗基地與製造工廠更是困難重重。

英國約克郡的裝甲軍官在陸戰大勝利之後，又投身於海軍之中，與一個故意吸引他的狡滑者合作，他並帶出三個互相爭權奪利的軍人，爭相擁有如毒鞭般的太空武器，因其所掃到之處皆爆破處處。三人不停地爭奪著控制此武器的權力，最後直到戰後這個武器被廢棄後，三方爭奪才告歇止。

日本印尼聯軍在蘇島西北佈下許多飛彈基地、堅強的防禦工事與重兵，它被歐美海軍重重包圍重擊，入侵者以空中集束照射的光線照在亞齊省港上空，使它沒有晝夜差別，一切都暴露在西方軍力的監視與攻擊下。本來在印尼四月後的雨季已算是過去了，乾季來臨，海象情況較佳，但接戰前西方軍隊使用氣象武器，利用海洋來造風，雨水能剋火火無功。這種氣象武器原來是在法國在大西洋岸的南特作試驗，測試的夜晚竟使天空出現彩虹。西方反攻軍早先在阿拉伯灣作戰時，已使一大敵方艦隊沈沒 VI44。使東方各守軍基地與航路的戰爭準備與通訊調派受到嚴重的阻撓，變得遲緩，反之西方海軍則享有主控局部戰區的優勢。面對強大的西方海軍勢力，南亞各地守軍之許多武器也因濕氣與惡劣的氣候和海象而難以發揮功效，通信混亂中斷，作戰情況惡劣。因情況吃緊，中日本也想保留最後一決的實力，所答應對南亞的援軍也是不足夠的。南亞許多島嶼都有死傷慘重的後果，歐美反攻軍並著手在印尼海陸兩處投核彈。

亞齊省城東方軍隊大敗，印尼全國陷入混亂，西方大海軍在麻六甲與其他海峽因水雷遍佈與在大戰役後需作整補工作之故，攻勢像是稍微緩慢下來，稍得喘息的日軍重新部署，退回第二道防線，菲律賓與台灣的地位變得非常重要。中日軍隊努力地在這些地方的海岸強化防禦工事。見不可一世的日本海軍在南洋嚴重挫敗，中國國內反日的聲浪再起，賀君見苗頭不對，對支援日本的承諾，與出兵的意願越來越趨於保守，希望保留與西方一些談判的空間，日方領導者深怕中國拆夥，強烈威脅要求中國支援，並說若中國撒手不管，也將會遭到「唇亡齒寒」的惡果。談判結果，賀君僅願作若干開放與合作，積極為自己進行防禦佈署，兩國各自希望戰爭對自己的破壞能減到最低。強弩之末的賀君更變本加厲地鎮壓國內強烈反己與反日的情緒。

西方軍隊在南洋大戰後稍事整補，再度出發以其凌厲的攻勢矛頭推進，勢如破竹，賀君加強防衛中國海港沿岸。另外，倒向西方的俄國新領導也由西方和北方攻擊敗逃的中國邊境軍隊，賀君對情況漸漸失控，自身難保。而中日皆互相責怪對方沒有盡力防備，消滅來犯的敵人。

在賀君失控卻更想嚴控的情況下，一些中國軍隊的將軍們轉而逐出日人，並進而攻日以雪前仇。權衡輕重，美歐軍隊並不想同時對抗中日兩大國家，加上韓國基本上也是親中的。所以在攻擊中國目標上多所節制，並想在暗中分化中日的關係。

在西方反攻軍前進路線周邊、遠東海軍的第二道防線各重要的海空基地都遭到嚴重的攻擊破壞，二道防線後來也瓦解了。早已受到飛彈攻擊的日本更直接地暴露在西方反攻軍的封鎖下，情勢已危如覆巢之卵。

美歐與中國的恩怨其實並不少，尤其是北美的破壞，但更早還要溯及美日對中國的摧殘與臺海紛爭時期的芥蒂，使雙方再發生戰事的可能性本就不低。但後來西方兩支海軍武力沒有打中國的原因自有其盤算，最主要的原因是他們認為中國已被他們在美洲大陸所擊敗，怕若逼中太甚，以雙方還有相當的核生化武器庫存，則核子大戰將成為不可避免的結局，且各大國間彼此相殘的過去歷史也夠多了，對付中國這種大國，不知還會犧牲多少，有俄國代為動手，賀君政權是撐不了多久的，之後就只剩下國與國間的互欠問題仍待解決，已有許多反正的中國軍隊在攻擊日本，也算是幫忙了西方的反攻力量；另外，遍佈全球的中國難民也可能給世界帶來更長久的紛擾。他們也怕賀君可能想來個玉石俱焚，或在打敗賀君後，中國可能出現的混亂，結果將陷入難以想像且不易收拾的局面；加上日本擁有核武，西方想就近藉中國的力量來牽制和壓制日本在絕望中對歐美海軍動用核生化武器的可能；從本身能力來看，反攻軍也不想在自己沒有強大後勤補給能力下與賀君作長久且不限於海域的的對抗，如真如此對抗，最後勝負還是難以預料的。

大戰中的是是非非往往很難說得明白。既然西方將目標已鎖定在日本，若反攻軍再與中國開戰，將面臨更多的變數，而歐洲的新局面與世界變化也不容許遠征軍在遠洋停留過久的時間。暫時與中國談和是有利的，至少賀君不會插手美歐大軍教訓日本的計畫。形勢比人強，賀君見西方海軍在南洋的大勝利，也不想消耗自己殘餘的近海武力，加上國內不穩的風聲，他的權力迅速地衰弱。後來，他見大勢已去，許多軍隊都不再聽他，甚至暗中與西方國家接觸，希望能談和，願意支援西方反擊武力，提供台灣港口作外人軍事補給的臨時基地，用以修補外國對自己政權的關係，藉以交換外國武力的保證，不攻擊中國。美軍中想報賀君攻佔美國之仇的派系與聲音被壓制下去，但不論是東方或西方都有許多人希望能從中國內部來顛覆賀君。

日本雖然手上還擁有若干核生化武器沒被毀壞，但怕更大的報復與更慘痛的犧牲而不敢使用，之後更遭破壞而無法使用。除了主要軍事基地與如三菱、川崎重工等工業設施外，東京、大阪、橫濱等人煙稠密的大城市都遭到戰火無情的摧殘，死傷與破壞的程度遠超過二戰。許多過去在中日之戰時受到大迫害的中國人，團結驅逐在中國境內的日本軍民，並攻擊日本本島，佔領軍並破壞東京近郊的靖國神社洩憤雪恥。

日本敗後，賀君勢力面臨土崩瓦解的命運。賀君與其親人整日躲在皇宮中不敢外出。他疑心病變得更重，整肅屠殺了不少叛變逃亡的軍官與朝臣們，只有佞臣與平庸的將軍還留在他身邊。他所用的親信與大臣此時更是目無法紀地搜刮妄為，思考逃亡之後路，因為他們知道自己可能已經沒有明天了。

戍守國境的將軍們因歐美與俄國大軍壓境，除非是那些敢冒賀君大不韙又不幸被抓的人，大都僥倖沒有被賀君迴光反照的政治風暴掃到。

政治──(P9-1)

隨著西方對日本的戰事漸趨尾聲，將軍們又開始人人自危，無數人對痛恨賀君。賀君欽點的一個死忠親衛師，有上萬人以配備最精良的武器來保護自己。當權的數年來，賀君並沒有真正儲備任何能成氣候的正式接班人，深怕會發生篡位的事。有傳言說將有暗殺賀君的陰謀，北京市內人心惶惶，草木皆兵。賀君的爪牙到處捕捉屠殺可疑或異議的份子。

一個陰冷的暗夜裏，肅殺的北京紫禁城裡出現了一小群人神秘地來到東城門，這些人帶著消音的輕型武器與炸藥，埋伏在黑暗的角落裡在東邊各地進行破壞。近衛軍忙於救火與搜捕嫌疑犯。此時出現一位白頭髮留著鬍子的老人偷偷地從另一個門成功地潛入賀君的後宮，他查出賀君當晚的個人私密寢室，用非常奇特的新科技方法突破重重防衛措施，以遙控方式在遠距離外將賀君狙殺。賀君被刺的消息是紙包不駐火的，一代梟雄殞命的消息傳出後，宮內宮外頓時大亂，北京城與中國一夕之間有了重大的變化。

在暗夜中兇手是誰不清楚，眾說紛紜。事件之後，眾人發現原來刺殺賀君的主謀者是位曾在海外作戰，功勳彪炳的將軍。聽到那將軍的軍隊與其他單位向北京逼近的消息，賀君守城與近郊的武力聞風四散，帝國的朝臣逃亡，但天地雖大，對他們而言似乎已無容身之地。而賀君與許多女人生下的後代子女也被軍民逮捕下獄。正如多數的獨裁政權一般，領導人一死，整個共犯結構就迅速地因失去重心而土崩瓦解了。

滯留在戰敗日本的美歐武力見到賀君被殺的大好消息，在戰勝後大肆摧毀日本的各種軍事設施與接管有價值的東西後，認為戰爭已經結束了，分批陸續地回到家鄉歐美等地。俄國人也不再向中國推進，回去重建自己的破碎的家園。

戰後的日本、印尼等戰敗國皆由外國託管於過渡時期，政治上有一番新的面貌。

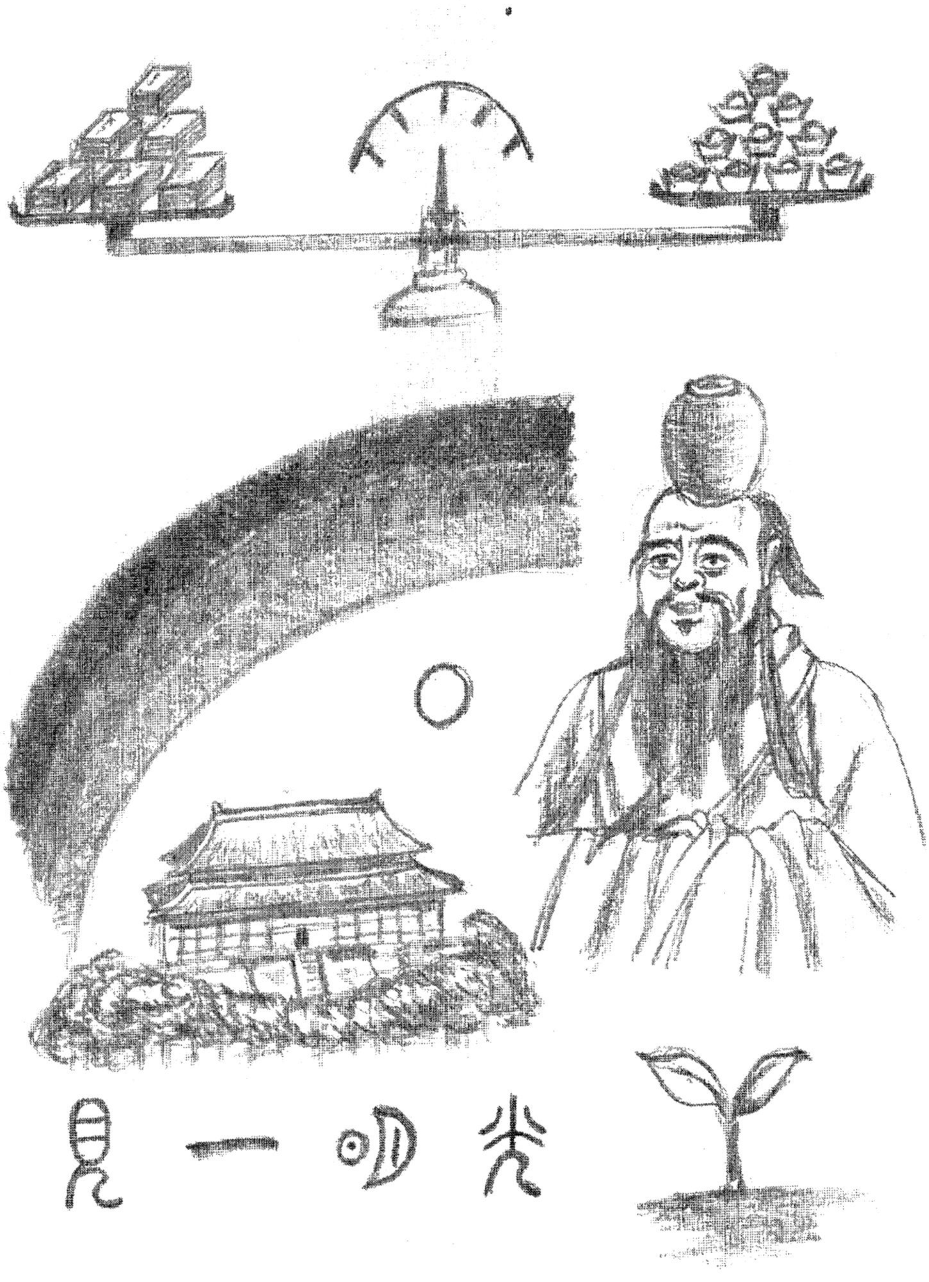

第十章　見一明光　2034-

日亡國，日有大悲涼狀況。戰後，世界被佔領的國家與地區紛紛脫離侵略者

《推背圖頌》《武侯百年乩其三》《諾斯查達姆斯給子書信》

戰後歐洲有十年的復甦期，北歐北部與西歐在戰爭中因多持中立，所受破壞較小

《Mario de Sabato 預言》

中國幸而有救世之人出來拯救國家，四散的流民陸續返鄉

《金陵塔碑文》

中國共產黨被廢止，紅色政權終結

《藏頭詩》

惡人政客下台，好人、能人出頭。中土無帝王，文教大興，賢不遺野。傳統宗教大興。後來才有中興的

皇帝，明君賢臣，黼黻圖治，四海平定干戈息

《燒餅歌》《推背圖識 47 象》《推背圖頌 47 象》《推背圖畫 47 象》《藏頭詩》《乾坤萬年歌》《馬前課 13 課》《武侯百年乩其三》《聯合網棧之救世聖人現蹤跡》《黃蘗禪師詩》

政治──(P10-1)

三戰後除了還能遠離戰火的澳洲之外，參戰與遭到破壞的國家都忙於重建各自的家園。世界各國聚集討論該如何處理戰後各國的賠償與重建問題，希望能儘速處理許多因戰爭而產生的國家、疆域、經濟、醫療、宗教等問題，當然也包括跨國性的監督、賠償與財產爭議。各參與國家雖仍為己國的利益還在互相角力，但對舉世苦難的反省與重新和好，多半能收斂些。

受創嚴重的美歐各國提議恢復停擺甚久的聯合國組織，並率先提出永久禁止核武與其他大規模的毀滅性武器。美國邀請世界其他國家派代表出席共同革新聯合國的憲章、機制與組織，尤其是相關安全理事會的事務，希望能藉三戰的教訓使新聯合國的組織與法規更完備。大會並決議開放讓世界各國再重新登記入會。戰前或在戰時許多退出聯合國或被除名者又再有一次參與世界的機會。組織的另一項重要工作是處理新舊會員

國的交替繼承工作與相關會員國的權利、義務與懲罰的規範，在戰後危險武器的銷毀與管制上也成了主要監督者。

此次戰爭的原因與結果與二戰畢竟不同，過去二戰結束後的賠償模式作藍本並不合適。各國派出代表在戰事終止，齊聚商討戰後的世界。經歷這場可怕漫長的世界大戰，各國間能有的共識遠比二戰後兩大集團之間對壘的情況要單純得多，但也不是完全沒有爭議。大家首先商討出新國際組織的精神、宗旨、要務與會議程序，如強調多元、公開、負責、平等、安全、支援、協調、溝通、教育等特質，並發表譴責軍國與霸權主義與無政府主義的聲明。

極權的危機是在以規範扼殺了自由，民主的危機則是以自由摧毀了規範，如何才能長久走在中道之上？中共餘黨仍躲在偏遠區域繼續為亂，其高齡的共黨領導人也終會被官兵所圍剿消滅。2037 年初，共產主義與其領導被全民唾棄而解散，並被新政府訂為非法的政黨。賀君的極權制度也隨戰爭結束而被廢止。無數失去親友的人們，終於在戰後可以重新好好地將逝者安葬，慰藉受到重創的心靈。造成地球上億萬人民痛苦、不可一世的共產主義，也終被普世國家埋在歷史的灰燼中。而二十世紀的顯學民主，曾經是潮流，但也非政治上的最終真理，更不是什麼強國強迫推銷給弱國的「仙丹靈藥」了。

至此，世界的華人普遍有了深刻的反省與警覺，不會再被政治與宗教人物輕易地操弄，對過去無知封閉、腐敗貪污與急功近利也有匡正的心態。新而健康的愛國主義興起，靠著新思維與大團結，整個國家的重建被帶動起來。

向歐美與中國投降的日本，由多國佔領，其中也有中國的代表團參與。另外仿照二戰後的德國，在日本進行了一場「紐倫堡」式的審判，其他戰敗國也承受不同情況與程度的國際對待。揭露各種犯罪的證據，逃亡的戰犯也陸續追捕服刑。國際法庭持續了很久來審理堆積如山的案件。

中國對日本的一項重要關切課題是對靖國神社作一個大整理。中方提議將過去的戰犯牌位永遠去除，在靖國神社中將戰犯牌位衣塚等與其他軍人分離出來，送往世界其他受害國家保管，做為各被害國的永久警惕，並嚴禁限制日本人對其祭祀。其他國家的戰犯，包括中國的戰犯，也有比照類似模式處理的。

歐美各國因國事如麻，無心在遠東久留，在留下部份軍隊後，多數返回西方。美軍中有不認同新興的美利堅共和國的軍人，有些人決定留在英國或其他各國。公審的目的除了懲國際的惡人、揭發惡行之外，更希望所有經歷苦難的人能彼此原諒，將各種仇恨擺置一旁，重新出發，發揚四海一家的精神。審判還正義於人間，而戰後更重要的工作是如何開創和平穩定的新世界秩序。

世界各國的疆域又有一次新的訂定，對中國而言，戰前與戰時有許多和鄰國發生爭議的邊界與領土，此時也有新的調整。

雖然戰火波及的各國大都有許多棘手的經濟社會問題，歐美國家與東亞國家還是簽訂了許多新約，並計畫戰後的經濟合作重建計畫。新的國際遊戲規則形成，讓世界各新舊國家都能以更公平的方式入會。

全球無數人受到疫疾、飢餓、營養缺乏、輻射塵中所放射的有毒碘131（會使甲狀腺易生瘤）、新型病毒、化學武器、AIDS與其他性病等的無情摧殘，許多經歷灼傷、凍瘡、截肢傷殘者在物資缺乏的環境下尤其需要照顧與病情追蹤。此外，如何安置照顧戰禍下無數的孤兒與老人成為戰後的一大訴求。

另外，在大戰中有用到核生化武器，並造成相當多的軍民死傷，因地球自轉與風吹四散影響到全世界，就連高山也不能阻擋輻射塵的擴散，各國體悟到不能這樣毀滅自己並破壞環境，由各大國主動認真地提出限武主張與解決這類武器的誠意，確保日後無國家或個人利用大規模武器荼毒生靈。核電廠也陸續關閉，大量新能源取而代之。大戰使許多國家加速開發許多新科技與產品，戰後多轉為服務人群的事業，促進人類更新科技的速度，提升戰後歲月的新文明進展。

比起世界上許多其他還在勾心鬥角的國家，中國在戰後的一項奇蹟是沒有國家最高領袖時，國人竟也能自動自發地在各個崗位上工作，重建破碎的家園與聯絡失散的流民，並調整了許多自己與他人過去錯誤的想法與行為，國家復甦走上軌道。全國各地有的是民意領袖，經過大戰的洗禮後，雖然民間各種爭議在所難免，但經歷浩劫後的人民通常能做更成熟的溝通與合作。

因大戰中人民的大量遷徙，也帶動世界各文化更深入的交流，自然蔚為一股世界性的風氣。過去眾多知識水平不高、閉塞很久的中國人有機會實地接觸國外的文化，也在有形無形中將外國人的習慣與更廣大的見識帶回國內，新時代的教育有一番亦中亦西，有古有今的風貌。

因為長久戰亂與貨幣經濟問題的情況，戰時的金本位又成了國際間的重要經濟選擇。賀君政府大量地搜刮黃金等貴重物品，以供應長久的戰備與維護政權所需。當時，中國擁有大量的黃金儲備，加上大戰之戰火對中國本土的破壞比起許多外國還不算是太慘重，中國也不像一個戰敗國，所以復原的速度也比許多國家來得快些，並有比較穩定的財經基礎與濟助外國的能力。

戰後雖然賀君已經垮台，國家情勢大好，但也不是沒有讓人憂慮之處，一些舊有山頭與投機份子仍在對抗，若干元老級的人物想起來爭權，軍中出現局部不穩的現象。有一句古話：「國家不可一日無君」。此時中土適時出現了一位偉大的政治家。他原來是從華中一帶出現的商人，眉長面有異相，左手手紋中有個「田」

字，他也是個品德高尚的佛教徒，並得賢妻佐助。他成功地經營起全球性的事業，為戰後的中國帶來新生命。他不只是中華民族的明君，更是世界級的領袖。高個子的他來到北京登高一呼，長袍復古式的衣著飄著一股特殊的氣息，腰際繫著一條厚腰帶，頭上戴著個瓮形的帽子，別有特殊心意。他解散了京內殘留的共產黨勢力，並穩住北京權力的空窗期危機，舉國響應他的號召，開創了一個新的紀元。此外，他也積極希望能建立優質的政治文化與風氣，對外主張與外國修好。對內則希望未來的領袖一定要超黨派，與政黨脫勾，為全民謀福祉。

大戰之後提供了一個徹底改革的良機，中國人又再站起來。後來新的政治制度成立，領袖須脫離黨派色彩，中國採用開明君主立憲的方式選出了新的國君，參考外國皇室與清末的法規設定重新做了重大的政治改造工程，也在地方保有相當的民主式的規劃設計。經過民主時代的洗禮，此時的君王已與過去歷史上的朝代有相當大的差異，人民也不像是民主制度下的有口無耳，也不再是極權制度下的有耳無口。

新式的制度與官服也被規劃製作，階層分明不越矩的文武百官服飾有專屬於地方特色的豐盛文采。華美而不奢侈的文武新制服採取融合新舊時代的特殊數位圖案裁縫設計，文武官員官服上繡有各地區的各種代表性的植、動物，還有稀有動植物的圖像，反應新時代的豐富精神與對環保生命的重新和好與重視。官服的製作讓作官的人除了有為民服務的驕傲外，還時時與新時代的精神意義緊密地相連，不忘對歷史的反省與自己的責任。

正人君子當道，如海納百川。如同一般人民，經歷戰爭苦痛的領導者深知人民需要的是能照顧全體人民安居樂業、長治久安的好政府，不管是什麼政治制度或黨派主義，所以為政者必須具備大公務實的態度、深入民瘼與協調和處理困難的技巧；另外，該領袖也瞭解中國政治不管是專制或共和，若沒有權力與財勢是很難長久穩固的，所以貪贓枉法的事多有，故必先整頓舊制刁官與整個官僚體系，建立起新的文官與培育制度、培養國家人才與各領域的領導人物，用人唯才唯德，希望用賢能的人達到施政上行下效的結果，開創政風廉潔的新風氣，此時可說是「柳暗花明又一村」，一掃過去百年的政治腐敗陰霾。為了後代子孫的幸福，他所領導的政府也認真地著手更新全國的教育事業，這是個奠立新中國基礎的時期。讓各時代都有的賢人出頭，為民造福。就這樣，雖然戰後的世界不是聖經所說的「千禧年」，但中國戰後將享受五十年的和平治世。

不同於二戰後風起雲湧的獨立風潮。三戰後各國所做的多是族群的整合。除了罪犯等類的人外，世界與新國際組織對此事的處理態度與作法多是將願意居留下來的人民就地居留合法化。中國歡迎流散到世界各地的同胞們回到家鄉重建家園，帶動尋人機構與通訊業大興。中國陸續地與外國簽約，大家學習如何和平相處。因巨變的關係，有些國家甚至消失了，那些二戰時無力自保或變動劇烈的國家也都有相當大的改變。

宗教——(R10-1)

苦難的人世最需要心靈上的慰藉，戰時常與政治糾纏不清的各種宗教也得以進一步地革新。各宗教的閉門思過，成就互相瞭解尊重的基石，信仰的人更認真了，也更能自利利人，真正成為生者的慰藉與死者的歸宿。宗教力量在戰後安葬逝者、超渡亡魂、安慰生靈、尋找親友上貢獻甚大，同時也興起了一股宗教信仰的風潮，不同的是人不在外面尋找、對抗敵人，而反求諸己，向內觀心，向外扶持相助。

為禍的牛鬼蛇神與假宗教消失，虛假預言的宗教熱潮也在降溫，中國的傳統宗教有大反省並大興，正信的儒、釋、道宗教精神再度發揚光大。各宗教人士們繼續他們在戰禍中以寺廟教堂收容眾多難民、「罪犯」的工作，啟發、深耕並散播出信仰智慧的種子，許多人有更進一步的宗教性體悟。如儒子們積極入世，拯救苦難流離的中國人與重建新國家社會，濟弱扶傾，天下為公的為官之道在於己飢己溺、愛民如子；佛徒打破國界的藩籬，發揮大慈大悲、救苦救難的精神，並為往生者超渡，讓生者安心；道眾安撫眾民失去親友的傷痛，倡導儉樸、淡薄名利、端正浮誇、順應自然的社會風氣，也為逝者作法事。一反戰前追求名聞利養、誇張好色、黨同伐異、混亂迷失、怪力亂神的墮落方向，戰後純淨的宗教精神提升並撫慰著因戰火受創的億萬心靈。

戰時受害最深但卻又有大興盛的天主教不復有教皇與教廷，多數的海外教區早已先後獨立，也漸漸產生了許多變化，部分漸漸傾向東正教教會式的組織型態，木葡宗教也不能再左右天主教會了，原先的教皇制度由十二使徒的會議取代。新的作法使教士更能投入人群之中，重心光大宗教的精神。

戰前與戰時被殘害最慘烈的新教徒，許多改信了天主教。新教徒在戰時迷失與敗壞得很嚴重，少數堅守信仰並幸運存活的教徒在經歷嚴峻的考驗後，他們的見證尤其顯得芬芳、堅強，許多教徒從國外回來，他們大都見証了外國的真假教徒，許多人都承認自己的軟弱與錯誤，更熱忱真切地向中國人傳上帝的福音，不再是戰前那一套套扭曲的解釋來解經與解釋預言，並與世人分享神讓他們戰勝一切的榮耀。更能體會在現實差別與困難挫敗中愛與正義是相互補足的，缺一不可，也更能體會殷切禱告的真義。

嚴重道德淪喪、宗教精神與行為喪失的回教徒們則是一則以喜，一則以悲。人數大幅減少的信徒向麥加跪謝「阿拉」，因為人世間的正義得以伸張，宗教也不再緊緊地控制著社會。但他們也向「阿拉」悔過，為他們教友與戰士的墮落與諸多錯誤感到痛苦，更祈求世界的和平能長久下去。因為戰爭的大迫害，印尼與澳洲的信眾在戰後都不再信仰伊斯蘭教。

木葡教信徒人數銳減，甚至在一些國家內被禁，再也無法在世界上興風作浪了。戰後出現難得的宗教平靜與和諧，那是個人們經歷放縱、動亂，再重新領悟學習與深化信仰的年代。

經濟——(E10-1)

幾乎無可避免地，多數國家的經濟不論是硬體與軟體都遭受到嚴重的破壞，尤其是戰敗的國家。戰後的自然環境有大改變，但許多是正面的改變，如新浮現的陸地，與土地相對的肥沃，加上新科技與人口的銳減，各國人忙碌於重建家園，世界倒也相安無事。過去大規模的全球化經濟，因應戰後情況的新經濟型態逐漸成形，傳統的經濟操作也有了很大的變化。歐洲人共花了十年才重建恢復到戰前的生活水準。而中國的財庫還算豐沛，大致能較平穩地度過戰後物資較為匱乏的時期。

戰後並不豐富的物資供應轉而刺激產生出許多新的發明與替代性工具與能源。對人生有更深刻反省的科學家們忙於與自然和好的各項工程，如修補臭氧層、銷毀大規模的核生化武器等、研發新的環保能源以替代舊的污染性能源、重建新城市與被破壞的文明，而不再是「晴天和閃天一個樣，鼻孔和煙囪一個樣」，人人從自己做起，加強環保教育與對污染源的掌控。

中國的經濟也有番新的氣象，強調不排富也不譏窮的中道精神。強調不積極回饋社會國家的富人像是「失根的蘭花」，而窮人不努力者則像燒餅上附著的小芝麻，兩種都會被社會國家所淘汰。中國除了善後三峽大壩與被水患摧殘的沿海城市外，科學家更計畫實施南水北送的大型水利工程。因為新科技的發展，無污染的能源與太空太陽能的利用也更被世人所重視，用於造福人類的生活上，甚至有利用大小磁場製造能源的方式陸續出現。

軍事—(M10-1)

過去為數不少的軍隊人數也有解散或重新編組的作業，只維持必要的軍隊數量，部份轉為軍警與保全工作。解甲歸田的軍人們有一些人出現戰後的軍人後遺症，在民風、各地政府與醫療雙管齊下的輔助下，許多轉投入地方的建設與照顧戰禍後的不幸同胞。

政治—(P10-2)

法國雖然是三戰的歐洲主角，帶領復興衰敗自殘的歐洲人重新站穩腳跟，但因為過於慘烈的戰鬥與人口變動，各民族混居的情況嚴重，飲食習慣與文化多語化，新城鎮與環境也變得很不同了。

戰後世界衰敝重建中，原本美國獨一超強的地位已沒落消殞，世界局勢重新洗牌，並有了新的發展，戰後的世界各國政府也在外交上仍有注意，尤其是那些地位不確定的民族要獨立與國際間的新舊紛爭。

英國則有一位農民出身的領袖出來取代那三個爭奪超強武器所有權的人，並致力於農業深耕，但卻另有一人不斷地在搞破壞，扯他的後腿，不希望他能改革有成。英國因某種災難而人口減少，城市毀敗，但很快地因為一個城市提出的國家解救方案而使全島恢復了生氣。而英國更往以後還有複雜的歷史發展。

不過是二、三十年前二十一世紀初的人作夢也難以想像世界竟會有這麼大的變化，非常不同的新世界，開啟了新的秩序與歷史，戰後全球雖然未臻「世界大同」的境地，但我們可以說活在二十一世紀中後期的人比上一個世紀同期的人還要幸運與成熟。

歐洲在戰後二十五年左右，又會有人忘了傷痛來破壞和平。而世紀初興起、惡名昭彰的伊朗帝國只會維持73年又七個月之久，其存在不超過一個世紀。世界一直要到本世紀的八零年代才又有大動盪。

其他——（10–1）

從光明面來說，極大的破壞後，要有更好的建設來提供希望與穩定的發展。糾正錯誤的新世界與繁榮世代的基石都要在戰後打下基礎。世界大戰是人類的共同經驗，也是人類社會發展與資源分配的劇烈震盪與重組期。如果找得到墳墓的話，眾多英雄梟雄墓木也已圍拱，而生命仍繼續綿延著。有人反思此次大戰，當初的人若接受了預言，究竟能做什麼來避免？還是會接受為宿命？這場戰爭真正的勝利者又是誰？罪魁禍首又是誰？如何重整新世界中的人性與人生？新生者與逝去者的世代交替⋯⋯

戰後的世界人民有相當的覺醒，和平的合作取代了戰時的對抗，反省原諒代替了爭奪報復。理想家們再度出現，突破那像是牢不可破的現實桎梏與摧殘，不同於戰前的是他們不是空想或煽動家，並有同心支持的人民作後盾。

中國政治在戰後不再是只想出鋒頭、卻沒能力做事者的天下。爭權奪利、暴虐奸佞的人都已退位，多言無能的人也被人鄙棄，而認真為國為民的人物如雨後春筍般地出了頭。有從民間出來的名人做領導，人民從賀君嚴密的思想信仰控制中強烈地解放出來，爆發了豐沛的創造力、冒險經歷與文化多樣性的精神，全國的文藝出版業因而大興。讀書人重拾中國的優良傳統，引導人民重拾希望，重新出發。因見到人類誤用科學的惡果，上位者大力提倡人文素養與宗教陶冶，以導正均衡引發戰爭的各種偏頗價值觀念，嚴正地譴責戰爭所帶來的暴行與痛苦，塑造更深刻的人生價值，高舉人性的價值超過任何意識型態的對立。彼時正是多數人轉向深刻人文反省與創作的良機，舉國偃武修文，大興文藝，名家輩出，戰爭前後無數人的經歷，像是滔滔不絕的江河，其中不乏許多可歌可泣的故事。許多人投入修復被戰火波及的城市、古蹟與建設之工作，包括蘇杭的庭園，重塑西湖之美，北京紫禁城在整修後又再對人民開放。

經歷三戰人是痛苦的，地球被血洗了一遍，總是有各種意義的戰爭理由換回無意義各膚色人之死亡。不管是何膚色，在親友的眼中都是珍貴的。誰說要腦充血才會讓人清醒呢？但浩劫餘生的人也是有福的，因為大家有機會能親身體會什麼是真正的痛苦與幸福，不再是口號或想像。這也是中國人民，與世界人民共同經驗走過的大時代，眾人收拾破碎痛苦的回憶與共同的創傷，彼此安慰鼓勵走出大戰的傷痛與失落。人類對自己的瞭解又向上再進了一層，就像蛹之生。世界大戰會過去，其影響則會傳向未來的世世代代。

多數人都會想到如果把早知道的預言內容付諸有具體的行動，也許許多悲劇都可以避免。各國都出了一些深刻的思想家，把過去各領域的各種主義又作了更深層的剖析與批判，同時也凝聚並肯定了更高的精神價值。然而，真的有必要經歷這場慘絕人寰的大戰，人類才會學到過去也有的類似教訓？當初若能聽從正確的預言，進而改變一些關鍵的情況，就可能有避開禍害的機會。三戰凸顯了精神信仰者與物質追求者間的追求與衝突。舉凡如何避免戰爭與爭端、各國的政治領導者對世界與鄰國應盡什麼義務、真理是什麼、如何讓世界人類都有飯吃、資源公平分配等議題都不斷地被世人提出討論與反省。三戰與過去的二戰的思想背景有相當程度的差異，二戰時是民主自由與專制集權對抗，大體的壁壘分明。而三戰不同於一戰、二戰的國家總體戰，而傾向全方位的個體戰，各國內外幾乎都有由民主之亂與集權之殘。戰爭的背景中包含了二戰以來多數的敵對思想與對立，舉凡是政治主義、意識型態、制度、種族、國家、宗教、土地、語言、資源、黨派、世代、財富、夢想、職業……甚至個人的性向間的新仇舊恨都可以作為團結一致與衝突對立的基點與燃料，然後大小、前後、長短的勢力各有其鮮明的旗幟，互相攻伐。過程與衝突常常是極端分歧，暴烈與複雜的。人性中天使與魔鬼的特質都有淋漓盡致的呈現。有些人生時天使，死時是魔鬼；也有人生時魔鬼，死時是天使；有些人則始終如一。民主與容忍下的虛偽面具被揭穿後，野蠻貪婪的殘暴才會大出鋒頭，等惡人惡事潔淨後，藍天白雲才能再現。民主與共產兩方在三戰都不是勝利者，都是歷史眾多歷程的過渡。台灣也有將過去藍綠政黨對抗與兩岸間的分分合合作更客觀的評述與定位。日本人曾帶給台灣進步的希望，蔣氏政權帶來了台灣可以主體性的機會，民進黨作了一場獨立建國的夢，大陸與日本都加深了台灣對中國的疏離感，台灣重回中國後的樂與悲。也有人設想若台灣真正獨立了，在三戰中也不可能中立，三戰後又會是個什麼模樣？不管是過去或未來，真相畢竟只能有一套，其他的只能是一本本從不同角度資料編造的歷史敘述和小說。

全世界的各國文明與新舊文物大都受到無情的破壞與竊奪，這真是人類歷史的大浩劫，損失絕非金錢可以彌補的，有些文化遺產尚可修復找回，有些則一去不返，只能在相片與文字中回味了。

戰後許多人重新認識到他們過去輕忽的原住民文化與各種古老的智慧，如過往耗費地球資源最厲害的美洲，其戰後的倖存者在廢墟中將印地安人的古老智慧和擁抱大自然的思想推崇成為新美洲思想的主流，各族與各國交換著新生命的新智慧，但同時也是古老的智慧。新的學習在新生的人群中積極地成長著。

大戰從某個角度而言確實是淨化的過程，強烈的天災也讓人深刻體會應從本身做起，實踐「節制」美德的重要性，重新體會大自然的珍貴。個人與社會不斷擴張美化個別的生存空間，所爭奪與犧牲的對象卻是大自然，人所造堅固不壞的事物不斷地破壞排擠自然的循環與再生能力，成品消費成垃圾遠比垃圾轉為有用再生品的速度快得多，人們普遍追求私己華美便利的內部空間成長，卻忽視此所靠的仍是豐富多樣的外部保存與支援。很不幸的，內外皆被嚴重污染的人類往往要走上此不幸的旅途，才會有切膚的學習、反省與改過，發覺最難征服的仍是人自己的心。

參戰的各國人民都有遺恨與親友的喪失，但經過苦難的磨練，人與人之間學會寬容與原諒別人，並對所謂正義有更深更廣的覺悟。對政治與世界有更深一層的反省。志士仁人則處心積慮地重建戰後的新氣象，革新舊制度與思想的弊病，煥然一新地再出發。揚棄摧殘自然、自私自利的資本主義與善惡不分、高壓獨裁的共產主義。中國民眾多有基本的共識，即要走出新中國自己的路線，少談空洞的口號，多做為民為國的大事。並在慘烈的戰爭後重塑新的人生、社會與精神價值。而在痛苦的互動中，進行著不同文化、風俗與科技的交流。

戰後的大地富庶，人一天只須上四小時班即可。新的器具用品也陸續出現。在育樂方面，人可以在手裡拿著一種如杖的工具，如能技巧地使用這種工具可以帶來樂趣，也可幫助身體長壽；在食物方面，人會吃球狀的零食，但吃不飽，因為那些豆豆讓他們越吃越想吃；在行動方面，工程師們研發其他能幫助人類的東西，街上有快速行動的車子，而且沒有輪子。夜晚時，人還可以使用吹脹的玻璃管來照亮道路；在衣著方面，人使用玻璃和土製成的外衣可以穿一輩子。

世人忙於清理水域、消毒、戰場、掃雷、埋葬、大量垃圾與污穢物的處理與重建家園等等。千頭萬緒，浩劫餘生，而生態的浩劫也在戰後作重新的調整，各國也比較能形成共識，不再以高度發展與競爭為理由，對大自然強取豪奪，建立永續的生存環境，盡量消滅破壞環境的各種殺手，減低大自然反撲的情況。原已萌芽但被長期忽略的生態經濟學大行其道，人類經濟系統再複雜精算也仍然是更大的自然與生物系統中的一環。新時代將商業與經濟重新植基在生命與環境上，重新建構戰後的新生態，修改資本主義的病根，杜絕共產主義的幽靈，將環境耗損程度變成評估國家總體財富水平的指標。而世界上有許多舊城市已殘破不堪，戰後也刺激了新城鎮的興起。

三戰的遺址與大大小小的紀念碑時時提醒世人與他們的子孫，世界到鬼門關走了一遭，證明人是有辦法徹底消滅自己和世界的，且人類幾乎這樣做了。人類進一步掙脫共產與民主的迷思，追求中道與對人性的根本關懷。人們體悟到讓世人和平相處要遠比殺人來解決問題更重要，以及生命與自然和諧之道的可貴。世代推移，戰後的更遙遠的未來雖仍有無數慘烈的戰事，然而經歷三戰的世代所受的教訓將永烙人心，過大的犧牲下還是有代價的。

全文完

（但也未完）

神霄玄黃舞東風，
天下紅顏盡失色；
百年滄桑境流轉，
雺雲炎野驚嘆何？

雲野

跋

不幸，抑或有幸見證此書中描述過程的人，將對過眼雲煙的人間恩怨與知識有一番新的看法，經歷起伏挑戰的人可以得到生命的大啟發。細讀進而自行研究本書的讀者可以進一步分辨哪些是有根據的引伸解釋，哪些是不一定準確的推想述說。讀者閱讀的態度與所吸收的結果是相關連的。在此鼓勵讀者用心地閱讀並蒐集其他資訊，則收穫將會是非常豐富的。在心理上，讀者們或許會感覺本書內容相當灰色，在當前已不太好過的日子裡，所勾勒的未來並不讓人感到振奮，但如果未來果真如此，有福先知的人便有責任去點燃一盞盞生命之燈，照亮自己與他人的道路，而不是讓它更加晦暗下去。

以下是作者對預言做為一門學問的看法與解析：

本書內容不是純「已完成」的歷史，更非純想像，但這不妨礙讀者將它當作歷史或想像的內容來閱讀，但應有一份不同嚴肅心理。用不同的心閱讀，自然也會有不同的想法與領悟。細心的讀者可能會思想到歷史的偶然與必然的問題，從對過去與未來所還原和建構出來的內容可以看到歷史上許多無奈又自然的發展脈絡。雖然本書的預言基調不脫推背圖中所說的「世道興衰不自由」，但就當前兩岸的局勢，甚至世界局勢仍有可為之處，若大家都能發展良性的關係，彼此忍辱相扶持，則相似書中所發生的光景當可盡量避免，不必一定要經歷戰禍後，才會學到教訓。此時是兩岸雙方領導人與人民好好發揮智慧，避免危機的關鍵時刻，也是兩岸廣大人民當注意覺醒的最後機會。

研究預言是一項辛苦的工作，有時過程非常地驚心動魄，有時也會有得到如獲至寶之感，然而結果也可能會一直是懸而未決，吃力不討好，甚至也不保證一定能弄出什麼能說服自己的結果來。研究預言前，請要先思考研究它的目的是什麼？是要沽名釣譽，洞燭機先，趨吉避凶，還是純為學術？此答案當然是因人而異，不一而足。

這類研究首先當然要考量預言是否可能。若認定真的預言是不可能時，則一切的說法只是臆測或是有目的的揑造，自然就不必對此類研究花費多餘的精神了。

有人會問：若將預言說破，還靈不靈的問題。未來會不會又有不同的改變？對這問題的回應也是眾說紛紜的。作者認為大趨勢的改變是相當不容易的，枝節上倒是可能會有出入。

預言的研究可分為兩類：「個體預言」與「總體預言」。「個體預言」在於專門研究某人或某一限定範疇的預言資料，這也是多數研究預言者的操作，並已有相當的成果；而本書所採用的「總體預言」則在通盤研究綜合性的預言內容，作宏觀完整的研究，需要借重個體預言的內容，比照總體預言的研究結果，先前在這類個體研究成果上因缺乏對照組，結果仍不算很理想，即使在西方世界這類研究也做得不理想，常流於各說各話。預言研究與一般社會科學的研究方式自然有些不同，後者可設計模型實驗，蒐集資料現象，藉以預測可能的發展與現象，或作理論的形構。而預言研究則是利用整理出來的現象結果，研究因果關聯、意義與定期等問題。

計畫研究預言之前，除了具備工具語言與對各類知識有相當的瞭解程度、持續不懈的熱忱以及解析能力外，一些基本的原則與方法也要先訂立下來，例如：不要怕錯，若解不開，也不必急於一時發表意見。大膽假設，小心反覆求證是很重要的。因為這類預言研究對象的特殊性，所以研究者不應說自己是百分之百的正解。其實許多預言的解釋即使在事過境遷後仍可有爭議，多解並陳的例子並非沒有，但這不意味預言解釋可隨人亂說，沒有真假對錯可言。預言的研究者也不應人云亦云，道聽途說，或懷著權威專家、說了就算的心理。這類研討類似其他學術或科學實驗一般，不同的人也可在研究後得到相似、甚至相同的結果。終究而言，預言，尤其是近期會發生的，是可驗證的。這種特性，就像對「美」的觀念一般，不同個體所感受認定的美，也不是完全沒有共通性的。

一般較理想的研究態度是：不要放過任何訊息，也不要輕信任何資料。要隨時留意與思考資料中隱藏的可能問題與關連性。考究說預言者的正確率如何，已驗證的比例是多少，說預言者的學識、身份、時空背景與關切的對象為何，流傳預言的目的與過程為何，還有表達手法、用語習慣、精確性與作品一致性的問題。另外，若資料不完整、有不同的版本或有互相矛盾衝突的內容，則尤需明辨深究之。

明白前面所說後，現在開始研究預言的細節內容。首先要過濾各預言材料的可信性與其區域性，先研究中外的大預言家或書籍通常是個不錯的開始。或許在開頭時，您會有摸不著頭緒之感，但在持續交叉擴展研究的過程中，會漸漸凝聚出共同的內容出來。這個內容就成了繼續發展的核心，研究者可順序擴張、繼續研究下去。此核心不是不能修改，但往往越來越不會有大規模的調整，除非您的核心在一開始就錯得離譜，或一直抱著成見不放。因為個人研究的材料會有出入，所謂的研究核心倒不一定人人相同，但不同人研究的相對結果仍應該是相近的。有了開發核心後，預言的研究工作下一步便是要塑造出時間架構出來。

任何研究者幾乎不可能不受到個人主觀喜好參雜的影響，但研究者總是要時時提醒自我，不要用自己強勢的主觀硬套解釋預言，如此極容易曲解原作者的精神與取向而誤人誤己。要盡量客觀，預言的原作者往往也有個人的好惡，研究者也要對他們的主觀盡量還原到客觀，更不應混入過多解釋者自己的主觀，同時無需對預言內容作過度且畫蛇添足式的詮釋，隱善揚惡或隱惡揚善等判斷要適可而止，否則在與人作心得交流前，須先作一次主觀剝落的程序，方可有意義的討論。此即是說，研究者要能過濾說預言者的時空背景與彼時空下的世界對其預言的影響，用以還原一個更客觀的真正未來面目。例如，明明是針對大陸說的事件，就不要硬拗說是台灣的狀況，反之亦然。如有與個人主觀不合的發展，也不要故意忽略或扭曲原意。

研究預言者應保留一些神秘轉圜的空間，以在枝微末節上騰出更大的改進空間，尤其是在那些詰屈聱牙的部分，有時也可以先存而不論。如此，研究者也可在略嫌孤獨、困難，甚至為人所排斥忽視的研究之路上找到一點兒追求真相的樂趣。

最後，作者也要對那些誠懇真切說出預言的人致上深誠的感謝，相信他們的本意絕不同於其他欺世盜名的造謠者。常可聽到有人說：誰也不知道未來是如何如何……。作者則以為其實早有若干人「真正」看到了他們未來的許多面相，但相對於古人的後代人，過去傳下來的預言遺產對他們而言多半是遙遠模糊的，因為在太多錯誤與迷信的成分中，真相總是隱而難顯，時空距離、語言文化都容易造成隔閡。像拼圖一般，從預言這「破碎」的鏡子中，人仍可看到死亡邪惡，看到希望與光明，就算是拼不出完整的一面鏡子，您仍多少可以拼湊出照向未來的若干面貌，品味其中的美麗與哀愁。我想，或許說預言也是一種造福人群的立言方式吧。預言者說出各時代的高低潮，也是對芸芸眾生在迷失憂慮時，有個依稀可辨的未來藍圖。

佛家認為諸事自有其因緣，一本書的誕生當然也不例外。也許在另一個時空裡，本書將沒有出現的機會，或被打成禁書。雖然一路孤獨地研究走來，作者要感謝的對象還是很多，更當惜福。

本書的研究核心是以「藏頭詩」中的時間來作定期與分期的骨幹。大致的定期其實並不困難，差別只在一般預言研究者研究得不夠全面、深入與各種疏忽。許多研究者缺乏對中外各預言的交叉整合的認真研究，或對文字推敲感到恐懼與迷惘，對這許多有字天書的研究工作望而生畏。本來對未來的走勢多數人都有興趣，但為何研究預言的人卻往往成了學術門外的「邊緣」學術呢？主要原因仍是在太多有心、錯誤與盲從的人，過多的江湖郎中使預言變得與術士算命差不多，難登大雅之堂，學院中的學者們看輕或排斥研究，不願嚴肅認真地研究預言，以其不登大雅之堂，迷信與落後；而一般民間的看法又常流於穿鑿附會、人云亦云的情況，更加深了學者們的不屑。各類有心人士喜作各種扭曲，他們的研究往往犯上各種研究上的大忌而不自知，也是最不值得參考的。另有些人喜做「蜻蜓點水」式的解釋，雖偶有見地，但往往也只是「見樹不見林」的情況。古人的心血成為糟粕，未能撥雲見日，繼承衣缽的後人豈不慚愧？

作者的起始點是以清末對抗「混世魔王」洪秀全的李鴻章與曾國藩之年代算起。「木子作將，廿口作臣」。講的就是後兩位。而西元 1850 年正是洪秀全建號太平天國之時。

西元 1850 年加上八十年，就是 1930 年（即民國 19 年），正是中國共產黨武裝叛變，中原大戰與湘贛共黨興起的時候。

西元 1930 年加上九十年後是 2020 年，為「木蔔之人」出來之時，緊接著便是「有賀之君」的出現。

有賀之君的「一日一勾」，此為一「旬」字，「旬」意為十年。有賀之君握軍權對外擴張約有十年之久。然而在計算時，應知此十年之前還有數年的間隔，並非直接由 2020 年來加上這十年。

有了上述時間的結構後，往回推算修訂此書的今日（即 2005 年），離 2020 年還有若干年。這十六年內要發生的事是推背圖中的第四十四象，就是個南北統一的局面。這裡在之前的第四十三象講的是大陸與台灣分離的政權，但至第四十四象時已成了南北關係。總括而言，這十七年內要發生的事情將有兩岸統一，中國分裂成三大勢力，北二南一，南方出聖王統一中國。因為還要有「否極泰來九國春」相當的時日來恢復中國之生機，戰後的經濟榮景並非一蹴可幾，所以榮景前所發生的事情最可能發生的時候是在 2010 年之前，才有夠長的時間恢復人民生息與經濟的進步。

就政治常理判斷，一般和平時期在兩岸有重大選舉或接班的時候常常是可能出現變數的關鍵時候。就台灣而言，總統與各重大民主選舉前是人心浮動，黨爭狀況最多，也是台獨呼聲相當高的時期。若以 2004 與 2008 兩年作比較，2004 年的可能性甚至還高過 2008，因 2008 前後是中國最重國際形象的時期，即使民族主義高漲，也應不會故意弄壞與外國人間的關係與追求和平的形象，台灣若在彼時趁機宣佈獨立，將不易得到國際的聲援與支持；另外，更重要的理由是中國沒有明顯干涉下，民進黨籍的總統已在 2004 年連任，在沒有下一任的壓力下，為了追求歷史定位與不願成為其他壓力下的跛腳領袖，作風將可以更大膽。有強大影響政治力的本土派政治人物在選後壓抑過久的情緒也是蓄勢待發，這些人不可能容忍等待到終其一生還看不到其使命感與理想的實現，而不放手奮力一搏的；又在中國發生災禍與抗拒美國在中東和中亞擴張的勢力，老一輩中國領導人也和台灣各期的領導者都有未竟的心願，都希望在有生之年可以看到自己的理想的實現。不管是新人舊人，中共政權已對台灣政府與人民「失望」了；加上美國可能出現的軍力分散、處於不確定之時，就可能是中國作軍事賭博的大好時機。海峽武力失衡現象可以說是終止長久以來兩岸間相安無事，使分立失效的因素，而中國本身經濟若發生難以收拾的時候，將是海峽最危險的時期。舉凡作戰前有充分的準備後才動兵是最理想的對戰狀況，但歷史上的戰爭又有多少有做到這個理想呢？何況時間拖得越久，台灣又會從外國買到更多先進的武器，如紀德與神盾艦等，大陸的武力優勢可能又被部分抵銷掉。為了不要夜長夢多，中國早日動武的可能性是相當高的。

從數字角度來剖析，在乾坤萬年歌中提到的「兩分疆界各保守，更得為君一百九」可能是相當關鍵的一句，明的來說此指的是兩岸分治時期，但直接套上字面的 109 年將會與其他的分期發生衝突。如果要說是民國109年，則該事尚在15年之後，時間假定得太過後面，所緊接著的2020木葡與賀君，將造成幾乎沒有中國聖王與九國春的時期，所以是個不可靠的推論，並且，此說假設萬年歌預言原作者會將中華民國當作唯一正統的說法也是可議的。作者以109這數字是兩岸分開的加總年數，即兩岸始分終再合的總計時間，以單邊來算，則應以109除以2，即54.5年。過去中共建國，國民黨退守台灣的時候是在西元1949年12月，若以1950年算起，加上此54.5年，結果是2004.5，計算一年半載的可能誤差，由上可知作者的結論是以2004-2005將是兩岸的關鍵期。這個推論仍可能會有兩三年的誤差，未來事實都可以修正預言研究的結果。當前論及正確與否，識者當自行判斷此定期是否合理。

附錄

所根據預言之列表

（依預言的順序排列，百分比是代表作者對不同預言內容的肯定程度）

中文部分：

姜太公乾坤萬年歌　80%

諸葛亮馬前課　85%

推背圖讖　80%

推背圖頌　80%

推背圖畫　80%

李淳風藏頭詩	90%
邵康節梅花詩	90%
劉伯溫燒餅歌	80%
步虛法師之預言詩	85%
武侯百年乩 1933	90%
金陵塔碑文	85%
網路流傳的一件預言	75%
劉竹村牧師所見異象	75%
聖經密碼 M. Drosnin	75%
聖經密碼安德等	70-80%

易經卜卦一則　80%

網路佛友　80%

聯合網棧之救世聖人現蹤跡　80%

李道明乩文　75%

格庵遺錄　80%

三仙乩劫　75%

黃蘗禪師詩　80%

外文部分：

聖經　90%

可蘭經與聖訓　90%

Monk Adso 預言	80%
十二世紀愛爾蘭天主教徒馬拉基教皇預言	85%
英 Mother Shipton 預言	80%
諾斯查達姆斯預言	85%
諾斯查達姆斯給子書信	85%
諾斯查達姆斯預言	85%
美西印地安荷比族預言	80%
美東印地安伊羅埼族預言	80%
其他美洲印地安族預言 Cherokee, Chippewa, Anishinabe 等	80%
美國父華盛頓所見的異象	80%

英 Merlin 預言	80%
伊斯蘭教一則預言	85%
一位愛斯基摩女人預言	80%
塞爾維亞 Mitar Tarabich 預言	80%
美國摩丁所見異象 1946	80%
德 Erna Stieglitz 預言	80%
德 Alois Irlmaier 預言	80%
西班牙預言	65%
歐洲 Mario de Sabato 預言	80%
奧國 Seer of Waldviertel	80%

美國 Samuel Doctorian 五大洲天使預言	80%
以色列 David Kriss 預言	80%
德 Brother Adam 預言	80%
瑞典 Anton Johansson 預言	80%
捷克布拉格的一位盲人	80%
美 AA Allen 預言	80%
美 Henry Gruver 預言	80%
美 Dumitru Duduman 預言	75%
美 Linda NewKirk 預言	80%
美 Nita Johnson 預言	80%

美 Gayle Smith 預言　　80%

其他歐美預言　　70-85%

(這裏的其他歐美預言來源包含德國的 Caesarius of Heisterbach, Anna Katherine Emmerich, Rabanus Maurus, Barthalomew Holzhauser, Mathias Lang, The Birch Tree Prophecies, Johannes Lichtenberger, Bernard Rembold, Wessel Eilert, The Monk of Werl, Antonius, Peter Schlinkert, Hildegard of Bingen, The Prophecy of Mayence、法國的 Rudolfo Gilthier, Liber Mirabilis, Rigord of St. Denis, St. Odile, Marie Jehannet, Melanie Calvat, Joaquim Merlin, Brother Anthony of Aix-la-Chapelle, The Mother of Bourg, Abbe Souffrant、英國的 Cheiro, Frater Balthassar Mas、愛爾蘭的 St. Brogan, St. Cataldus of Tarentino、蘇格蘭的 The Brahan Seer、美國的 Jeane Dixon, Edgar Cayce、義大利的 Anna Taigi, St. Francisco de Paola, The Monk of Padua、瑞士的 Hepidanus, Paracelsus、匈牙利的 The Seeress of Prague、葡萄牙的 Our Lady of Fatima、天主教教庭的 Pope Pius X、比利時的 Pere Nechtou、俄國的 Madam Blavatsky、歐洲古代人 St. Caesarius of Arles、古猷太人 Sibylline Fragments、巴勒斯坦的 St. Hilarion 和幾位天主教修女和數名匿名預言者)

預言錦囊

周呂望乾坤萬年歌

太極未判昏已過。風后女媧石上坐。三皇五帝已派相。
承宗流源應不錯。而今天下一統周。禮樂文章八百秋。
串去中直傳天下。卻是春禾換日頭。天下由來不固久。
二十年間不能守。卯坐金頭帶直刀。削盡天下木羊首。
一土臨朝更不祥。改年換國篡平床。泉中湧出光華主。
興復江山又久長。四百年來更世界。日上一曲懷毒害。
一枝流落去西川。三分社稷傳兩代。四十年來又一變。
相傳馬上同無半。兩頭點火上長安。委鬼山河通一占。
山河既屬普無頭。離亂中分數十秋。子中一朱不能保。

江東復立作皇洲。相傳一百五十載。釗到兔兒平四海。
天命當頭六十年。肅頭蓋草生好歹。都無真主管江山。
一百年前擾幾番。耳東入國人離亂。南隔長安北隔關。
水龍木易承天命。方得江山歸一定。五六年來又不祥。
此時天下又紛爭。木下男兒火年起。一掃煙塵木易已。
高祖世界百餘年。雖見干戈不傷體。子繼孫承三百春。
又遭離亂似瓜分。五十年來二三往。不真不假亂為君。
金豬此木為皇帝。未經十載遭更易。肖郎走出在金猴。
穩穩清平傳幾世。一汴二杭事不巧。卻被胡人通占了。
三百年來棉木終。三閻海內去潛蹤。一兀為君八十載。
淮南忽見紅光起。八雙牛來力量大。日月同行照天下。
土猴一兀自消除。四海衣冠新彩畫。三百年來事不順。
虎頭帶土何須問。十八孩兒跳出來。蒼生方得蘇危困。

相繼春秋二百餘。五湖雲擾又風顛。人丁口取江南地。
京國重新又一遷。兩分疆界各保守。更得為君一百九。
那時走出草田來。手執金龍步玉階。清平海內中華定。
南北同歸一統排。誰知不許乾坤久。一百年來天上口。
木邊一兔走將來。自在為君不動手。又為棉木定山河。
四海無波二百九。王上有人雞上火。一番更變不須說。
此時建國又一兀。君正臣賢垂黼黻。平定四海息干戈。
二百年來為社稷。二百五十年中好。江南走出釗頭卯。
大好山河又二分。幸不全亡莫嫌小。兩人相見百忙中。
治世能人一厶弓。江南江北各平定。一統山河四海同。
二百年來為正主。一渡顛危猴上水。別枝花開果兒紅。
復取江山如舊許。二百年來衰氣運。任君保重成何濟。
水邊田上米郎來。直入長安為皇帝。行仁行義立乾坤。

子子孫孫三十世。我今只算萬年終。再復循環理無窮。
知音君子詳此數。今古存亡一貫通。

蜀漢諸葛丞相馬前課

第一課○●●●●○中下
無力回天鞠躬盡瘁
陰居陽拂八千女鬼
證曰陽陰陰陰陰陽在卦為頤
解曰諸葛迮後後主降于魏
第二課○●○○●○中下
火上有火光燭中土
稱名不正江東有虎
證曰陽陰陽陽陰陽在卦為離

解曰司馬炎篡魏元帝都建康屬江東

第三課○●●●●●下下

擾擾中原山河無主

二三其位羊終馬始

證曰陽陰陰陰陰陰在卦為剝

解曰五代始於司馬終於楊氏

第四課●●○●○●中上

十八男兒起于太原

動則得解日月麗天

證曰陰陰陽陰陽陰在卦為解

解曰李唐起于太原武曌稱周

第五課○○○●●●下中

五十年中其數有八

小人道長生靈荼毒
證曰陽陽陽陰陰陰在卦為否
解曰五代八姓共五十三年
第六課●○○●○○上中
惟天生水順天應人
剛中柔外土乃生金
證曰陰陽陽陰陽陽在卦為兌
解曰趙宋黃袍加身而立敵為金
第七課●○●○○●中中
一元復始以剛處中
五五相傳爾西我東
證曰陰陽陰陽陽陰在卦為井
解曰元代共十主後各汗國分裂

第八課○○●●●○上上

日月麗天其色若赤

綿綿延延凡十六葉

證曰陽陽陰陰陰陽在卦為益

解曰朱即赤日月是明共十六主

第九課○●○●●●中上

水月有主古月為君

十傳絕統相敬若賓

證曰陽陰陽陰陰陰在卦為晉

解曰水月有主是清也古月是胡也

滿清十皇朝最後亡於宣統

第十課●○●○●●中下

豕後牛前千人一口

五二倒置朋來無咎

證曰陰陽陰陽陰陰在卦為蹇

解曰豕後牛前辛亥也千人一口為和

五二倒置是民也朋者外邦也

第十一課○●○○●○中下

四門乍闢突如其來

晨雞一聲其道大衰

證曰陽陰陽陽陰陽在卦為離

解曰當朝之象也四門乍闢謂為門戶開放

酉年當期時無人再相信其道理故

第十二課●○○○○●上中

拯患救難是唯聖人

陽復而治晦極生明

證曰陰陽陽陽陽陰在卦為大過
解曰當來之象也災難當頭之極
其時聖人出現救苦救難故
第十三課○●●○○○上中
賢不遺野天下一家
無名無德光耀中華
證曰陽陰陰陽陽陽在卦為大畜
解曰世界大同之象
第十四課○●○●○●中下
占得此課易數乃終
前古後今其道無窮
證曰陽陰陽陰陽陰在卦為未濟

唐朝李淳風袁天罡推背圖讖頌（普及本）（未附圖）

第一象甲子乾下乾上乾

讖曰：

茫茫天地不知所止

日月循環周而復始

頌曰：

自從盤古迄希夷虎鬥龍爭事正奇

悟得循環真諦在試於唐後論元機

金聖嘆：「此象古今治亂相因，如日月往來，陰陽遞嬗，即孔子百世可知之意，紅者為日，白者為月，有日月而後晝夜成，有晝夜而後寒暑判，有寒暑而後歷數定，有歷數而後系統分，有系統而後興亡見」。

第二象乙丑巽下乾上姤

讖曰：

纍纍碩果莫明其數

一果一仁即新即故

頌曰：

萬物土中生二九先成實

一統定中原陰盛陽先竭

金聖嘆：「一盤果子即李實也，其數二十一，自唐高祖至昭宣凡二十一主。二九者指唐祚二百八十九年。陰盛者指武曌當國，淫昏亂政，幾危唐代。厥後開元之治雖是媲美貞觀，而貴妃召禍，乘輿播遷，女寵代興，夏娣繼之，亦未始非陰盛之象」。

第三象丙寅艮下乾上遯

讖曰：

日月當空照臨下土

撲朔迷離不文亦武

頌曰：

參遍空王色相空一朝重入帝王宮

遺枝撥盡根猶在喔喔晨雞孰是雄

金聖嘆：「此象主武曌當國，廢中宗於房州，殺唐宗室殆盡。先武氏削髮為尼，故有參遍空王之句。高宗廢后王氏而立之，故有喔喔晨雞孰是雄之兆」。

第四象丁卯坤下乾上否

讖曰：

飛者不飛走者不走

振羽高岡乃克有後

頌曰：

威行青女實權奇極目蕭條十八枝

賴有猴兒齊著力已傾大樹仗扶持

金聖嘆：「此象主狄仁傑荐張柬之等五人反周為唐。武后嘗夢鸚鵡兩翼俱折，狄仁傑曰：武者陛下之姓也，起二子則兩翼折矣。五猴指張柬之等五人」。

第五象戊辰坤下巽上觀

讖曰：

楊花飛蜀道難
截斷竹簫方見日更無一史乃平安
頌曰：
漁陽鼙鼓過潼關此日君王幸劍山
木易若逢山下鬼定於此處葬金環
金聖嘆：「一馬鞍指安祿山，一史書指史思明。一婦人死臥地上，乃貴妃死於馬嵬坡。截斷竹蕭者肅宗即位，而安史之亂平」。

第六象已巳坤下艮上剝

讖曰：
非都是都非皇是皇
陰霾既去日月復光
頌曰：
大幟巍巍樹兩京輦輿今日又東行

乾坤再造人民樂 一二年來見太平

金聖嘆：「此象主明皇還西京，至德二載九月，廣平王叔俶郭子儀收復西京，十月收復東京，安史之亂盡弭，十二月迎上皇還西京，故云再造」。

第七象庚午震下乾上無妄

讖曰：

旌節滿我目山川踊我足

破關客乍來陡令中原哭

頌曰：

螻蟻從來足潰堤六宮深鎖夢全非

重門金鼓含兵氣小草滋生土口啼

金聖嘆：「此象主藩鎮跋扈及吐蕃入寇中原」。

第八象辛未坤下離上晉

讖曰：

攙槍血中土破賊還為賊

朵朵李花飛帝曰遷大吉

頌曰：

天子蒙塵馬首東居然三傑踞關中

孤軍一駐安社稷內外能收手臂功

金聖嘆：「此象主建中之亂，三人者李希烈、朱泚、李懷光也。李懷光以破朱泚功，為盧杞所忌，遂反，故曰破賊還為賊。三人先後犯闕，德宗乘輿播遷，賴李晟以孤軍收復京城，而社稷重安矣」。

第九象壬申乾下離上大有

讖曰：

非白非黑草頭人出

借得一枝滿天飛血

頌曰：

萬人頭上起英雄血染河山日色紅
一樹李花都慘淡可憐巢覆亦成空
金聖嘆：「此象主黃巢作亂，唐祚至昭宗。朱溫弒之以自立，改國號梁溫，為黃巢舊黨，故曰覆巢亦成空」。

第十象癸酉坎下坎上坎

讖曰：
蕩蕩中原莫禦八牛
泅水不滌有血無頭
頌曰：
一后二主盡升遐四海茫茫總一家
不但我生還殺我回頭還有李兒花
金聖嘆：「此象主朱溫弒何皇后、昭宣、昭宗而自立，所謂一后二主也。未幾為次子友珪所弒，是頌中第三句意。李克用之子存勗代父復仇，百戰滅梁，改稱後唐，是頌中第四句意」。

第十一象申戌兌下坎上節

讖曰：

五人同卜非祿非福

兼而言之喜怒哀樂

頌曰：

龍蛇相鬥三十年一日同光直上天

上得天堂好游戲東兵百萬入秦川

金聖嘆：「此象主伶人郭從謙作亂，唐主為流矢所中」。

第十二象乙亥震下坎上屯

讖曰：

塊然一石謂他人父

統二八州已非唐土

頌曰：

反兆先多口出入皆無主
繫鈴自解鈴父亡子亦死

金聖嘆：「此象主石敬塘求救于契丹。唐主遣張敬達討石敬塘，敬塘不得已，求救于契丹，事之以父禮，賄以幽薊十六州。晉帝之立國契丹功也，然卒以契丹亡，故有繫鈴解鈴之兆」。

第十三象丙子離下坎上既濟

讖曰：

漢水竭雀高飛
飛來飛去何所止高山不及城郭低

頌曰：

百個雀兒水上飛九十九個過山西
惟有一個踏破足高棲獨自理毛衣

金聖嘆：「此象主周主郭威奪漢自立。郭威少賤，世稱之曰郭雀兒」。

第十四象丁丑離下兌上革

讖曰：

李樹得根芽石榴漫放花

枯木逢春祇一瞬讓他天下競榮華

頌曰：

金木水火土已終十三童子五王公

英明重見太平日五十三參運不通

金聖嘆：「此象主周世宗承郭威受命為五代之終，世宗姓柴名榮，英明武斷，勤於為治，惜功業未竟而殂。五代共五十三年，凡八姓十三主，頌意顯然」。

第十五象戊寅離下震上豐

讖曰：

天有日月地有山川

海內紛紛父後子前

頌曰：

戰事中原迄未休幾人高枕臥金戈
寰中自有真天子掃盡群妖見日頭

金聖嘆：「此象主五代末造，割據者星羅棋布，惟吳越錢氏〈錢鏐四世〉稍圖治安，南唐李氏〈李昪三世〉略知文物，餘悉淫亂昏虐。大祖崛起，拯民水火。太祖小名香孩兒，手執帚著，掃除群雄也」。

第十六象已卯離下坤上明夷

讖曰：

天一生水姿稟聖武
順天應人無今無古

頌曰：

納土姓錢並姓李其餘相次朝天子
天將一統付真人不殺人民更全嗣

金聖嘆：「此象主宋太祖受禪汴都，天下大定，錢李二氏相率歸化，此一治也」。

第十七象庚辰坎下坤上師

讖曰：

聲赫赫干戈息

掃邊氛奠邦邑

頌曰：

天子親征乍渡河歡聲百裏起謳歌

運籌幸有完全女奏得奇功在議和

金聖嘆：「此象主宋真宗澶淵之役。景德元年，契丹大舉入寇，寇準勸帝親征，乃幸澶淵。既渡河，遠近望見卸蓋皆踴躍呼萬歲，聲聞數十里，契丹奪氣，遂議和」。

第十八象辛巳艮下艮上艮

讖曰：

天下之母金刀伏兔

三八之年治安鞏固

頌曰：

水旱頻仍不是災力扶幼主坐靈臺
朝中又見釵光照宇內承平氣象開

金聖嘆：「此象主仁宗嗣立，劉太后垂簾聽政。旁有一犬，其惟狄青乎」。

第十九象壬午離下艮上賁

讖曰：

眾人囂囂盡入其室
百萬雄師頭上一石

頌曰：

朝用奇謀夕喪師人民西北盡流離
韶華雖好春光老悔不深居坐殿墀

金聖嘆：「此象主神宗誤用安石，引用群邪，致啟邊釁，用兵西北，喪帥百萬。熙寧初，王韶上平戎三策，安石驚為奇謀，力荐於神宗，致肇此禍」。

第二十象癸未離下乾上同人

讖曰：

朝無光日月盲

莫與京終旁皇

頌曰：

父子同心並同道中天日月手中物

奇雲翻過北海頭鳳闕龍廷生怛惻

金聖嘆：「此象主司馬光卒，蔡京父子弄權，群小朋興，賢良受錮，有日月晦盲之象」。

第二二象甲申兌下艮上損

讖曰：

空厥宮中雪深三尺

吁嗟元首南轅北轍

頌曰：

妖氛未靖不康寧北掃烽煙望帝京

異姓立朝終國位卜世三六又南行

金聖嘆：「此象主金兵南下，徽宗禪位。靖康元年十一月，京師陷，明年四月，金以二帝及宗室妃嬪北去，立張邦昌為帝。卜世三六者，宋自太祖至徽欽，凡九世，然則南渡以後又一世矣」。〈西元 1126 年，靖康之變。西元 1127 年，南宋始。〉

第二一象乙酉兌下離上睽

讖曰：

天馬當空否極見泰

鳳鳳淼淼木蒂大賴

頌曰：

神京王氣滿東南禍水汪洋把策干

一木會支二八月臨行馬色半平安

金聖嘆：「此象主司馬光卒，蔡京父子弄權，群小朋興，賢良受錮，有日月晦盲之象」。

第二三象丙戌兌下乾上履

讖曰：

似道非道乾沈坤黯

祥光宇內一江斷楫

頌曰：

胡兒大張撻伐威兩柱擎天力不支

如何兵火連天夜猶自張燈作水嬉

金聖嘆：「此象主賈似道當權，汪立信文天祥輩不能以獨力支持宋室。襄樊圍急，西子湖邊似道猶張燈夜宴，宋室之亡其宜也」。

第二四象丁亥兌下巽上中孚

讖曰：

山崖海邊不帝亦仙

二九四八於萬斯年

頌曰：

十一卜人小月終回天無力道俱窮
干戈四起疑無路指點洪濤巨浪中
金聖嘆：「此象主帝昺遷山，元令張弘範來攻，宋將張世傑兵潰，陸秀夫負帝赴海，宋室以亡」。〈西元1279年，宋亡。〉

第二五象戊子艮下巽上漸

讖曰：

北帝南臣一兀自立
斡離河水燕巢捕麥戈

頌曰：

鼎足爭雄事本奇一狼二鼠判須臾
北闕鎖鑰雖牢固子子孫孫五五宜
金聖嘆：「此象主元太祖稱帝斡難河，太祖名鐵木真，元代凡十主。斧鐵也，柄木也，斧柄十段即隱十主之意」。

第二六象己丑震下震上震

讖曰：

時無夜年無米

花不花賊四起

頌曰：

鼎沸中原木木來四方警報起邊埃

房中自有長生術莫怪都城澈夜開

金聖嘆：「此象主順帝惑西僧房中運氣之術，溺於娛樂，以致劉福通、徐壽輝、方國珍、明玉珍、張士誠，陳友諒等狼顧鴟張，乘機而起。宦官樸不花壅不上聞，至徐達，常遇春直入京師，都城夜開，毫無警備。有元一代竟喪於淫僧之手，不亦哀哉。劉福通立韓林兒為帝，故曰木木來」。

第二七象庚寅乾下震上豫

讖曰：

惟日與月下民之極

應運而興其色曰赤

頌曰：

枝枝葉葉現金光晃晃朗朗照四方

江東岸上光明起談空說偈有真王

金聖嘆：「此象主明太祖登極。太祖曾為皇覺寺僧，洪武一代海內熙洽，治臻大平」。

第二八象辛卯坎下震上解

讖曰：

草頭火腳宮闕灰飛

家中有鳥郊外有尼

頌曰：

羽滿高飛日爭妍有李花

真龍游四海方外是吾家

金聖嘆：「此象主燕王起兵，李景隆迎燕兵入都，宮中大火，建文祝髮出亡」。

第二九象壬辰巽下震上恆

讖曰：

枝發厥榮為國之棟

皞皞熙熙康樂利眾

頌曰：

一枝向北一枝東又有南枝種亦同

宇內同歌賢母德真有三代之遺風

金聖嘆：「此象主宣宗時張太后用楊士奇、楊溥、楊榮三人，能使天下又安，希風三代，此一治也。時人稱士奇為西楊，溥為南楊，榮為東楊」。

第三十象癸巳巽下坤上升

讖曰：

半圭半林合則生變

石亦有靈生榮死賤

頌曰：

缺一不成也占先六龍親御到胡邊

天心復見人心順相克相生馬不前

金聖嘆：「此象主張太后崩權歸王振，致有乜先之患。其後上皇復辟，石亨自詡首功，率以恣橫伏誅，此一亂也」。

第三一象甲午離下巽上家人

讖曰：

當塗遺孽穢亂宮闕

一男一女斷送人國

頌曰：

忠臣賢士盡沉淪天啟其衷亂更紛

縱有胸懷能坦白乾坤不屬舊明君

金聖嘆：「此象主天啟七年間，妖氣漫天，元氣受傷。一男一女指魏閹與客氏而言。魏殺客氏，客氏熹宗乳母，稱奉聖夫人」。

第三二象乙未巽下坎上井

讖曰：

馬跳北闕犬敖西方
八九數盡日月無光

頌曰：

楊花落盡李花殘五色旗分自北來
太息金陵王氣盡一枝春色占長安

金聖嘆：「此象主李闖、張獻忠擾亂中原，崇禎投環梅山，福王偏安不久明祀遂亡。頌末句似指胡后，大有深意」。

第三三象丙申巽下兌上大過

讖曰：

黃河水清氣順則治
主客不分地支無子
頌曰：
天長白瀑來胡人氣不衰
藩籬多撤去稚子半可哀
金聖嘆：「此象乃滿清入關之徵。反客為主殆亦氣數使然，非人力所能挽回歟。遼金而後胡人兩主中原，璜璜漢族對之得毋有愧」。

第三四象丁酉巽下巽上巽

讖曰：
頭有髮衣怕白
太平時王殺王
頌曰：
太平又見血花飛五色章成裏外衣

洪水滔天苗不秀中原曾見夢全非

金聖嘆：「證已往之事易，推未來之事難，然既證已往，似不得不推及將來。吾但願自此以後，吾所謂平治者皆幸而中，吾所謂不平治者幸而不中，而吾可告無罪矣。此象疑遭水災或兵戎與天災共見，此一亂也」。

第三五象戊戌震下兌上隨

讖曰：

西方有人足踏神京

帝出不還三台扶傾

頌曰：

黑雲黯黯自西來帝子臨河築金台

南有兵戎北有火中興曾見有奇才

金聖嘆：「此象疑有出狩事，亦亂兆也」。（此象是描述八國聯軍，當日慈禧曾避禍於熱河，熱河乃滿清之夏都，奇才所指是曾國藩。）

第三六象己亥乾下巽上小畜

讖曰：

纖纖女子赤手禦敵

不分禍福燈光蔽日

頌曰：

雙拳旋轉乾坤海內無端不靖

母子不分先後西望長安入覲

金聖嘆：「此象疑一女子能定中原，建都長安」。（此乃指慈禧之義和團事件，而此次事後慈禧與光緒皆避禍去長安，不久，二人兩日間先後去世。）

第三七象庚子震下巽上益

讖曰：

漢水茫茫不統繼統

南北不分和衷與共

頌曰：

水清終有竭倒戈逢八月
海內竟無王半凶還半吉
金聖嘆：「此象雖有元首出現，而一時未易平治，亦一亂也」。〈此乃預言民國之成立。〉

第三八象辛丑震下離上噬嗑

讖曰：
門外一鹿群雄爭逐
劫及鳶魚水深火熱
頌曰：
火運開時禍蔓延萬人後死萬人生
海波能使江河濁境外何殊在目前
金聖嘆：「此象兵禍起於門外有延及門內之兆」。〈此乃指第一次世界大戰〉

第三九象壬寅巽下兌上頤

讖曰：

鳥無足山有月

旭初升人都哭

頌曰：

十二月中氣不和南山有雀北山羅

一朝聽得金雞叫大海沉沉日已過

金聖嘆：「此象疑一外夷擾亂中原，必至酉年始得平也」。〈此象是指日本侵華。鳥無足，山有月，是一個島字。〉

第四十象癸卯巽下艮上蠱

讖曰：

一二三四無土有主

小小天罡垂拱而治

頌曰：

一口東來氣太驕腳下無履首無毛
若逢木子冰霜渙生我者猴死我雕
金聖嘆：「此象有一李姓，能服東夷，而不能圖長治久安之策，卒至旋治旋亂，有獸活禽死之意也」。〈此似指國民黨遷台。〉

第四一象甲辰離下離上離

讖曰：
天地晦盲草木繁殖
陰陽反背上土下日
頌曰：
帽兒須戴血無頭手弄乾坤何日休
九十九年成大錯稱王只合在秦州
金聖嘆：「此象一武士握兵權，致肇地覆天翻之禍，或一白姓者平之」。〈此指毛澤東所行各種運動，九十九合成是廿八年，與毛在位期相合。秦州即陝西省，延安亦在陝西。帽兒需戴是說扣帽子。〉

第四二象乙巳艮下離上旅

讖曰：

美人自西來朝中日漸安
長弓在地危而不危

頌曰：

西方女子琵琶仙皎皎衣裳色更鮮
此時渾跡匿朝市鬧亂君臣百萬般

金聖嘆：「此象疑一女子當國，服色尚白，大權獨攬，幾危社稷，發現或在卯年，此始亂之兆也」。

第四三象丙午巽下離上鼎

讖曰：

君非君臣非臣
始艱危終克定

頌曰：

黑兔走入青龍穴欲盡不盡不可說
唯有外邊根樹上三十年中子孫結
金聖嘆：「此象疑前象女子亂國未終，君臣出狩，有一傑出之人為之底定，然必在三十年後」。

第四四象丁未坎下離上未濟

讖曰：
日月麗天群陰懾服
百靈來朝雙羽四足

頌曰：
而今中國有聖人雖非豪傑也周成
四夷重譯稱天子否極泰來九國春
金聖嘆：「此象乃聖人復生，四夷來朝之兆，一大治也」。

第四五象戊申坎下艮上蒙

讖曰：

有客西來至東而止

木火金水洗此大恥

頌曰：

炎運宏開世界同金烏隱匿白洋中

從此不敢稱雄長兵氣全消運已終

金聖嘆：「此象于太平之世復見兵戎，當在海洋之上，自此之後，更臻盛世矣」。

第四六象己酉坎下巽上渙

讖曰：

黯黯陰霾殺不用刀

萬人不死一人難逃

頌曰：

有一軍人身帶弓只言我是白頭翁

東邊門裏伏金劍勇士後門入帝宮

金聖嘆：「此象疑君王昏聵，一勇士仗義興兵為民請命，故曰萬人不死一人難逃」。

第四七象庚戌坎下乾上訟

讖曰：

偃武修文紫薇星明

匹夫有責一言為君

頌曰：

無王無帝定乾坤來自田間第一人

好把舊書多讀到義言一出見英明

金聖嘆：「此象有賢君下士，豪傑來歸之兆，蓋輔助得人，而帝不居德，王不居功，蒸蒸然有無為而治之盛。此一治也」。

第四八象辛亥離下乾上同人

讖曰：

卯午之間厥象維離

八牛牽動雍雍熙熙

頌曰：

水火既濟人民吉手持金戈不殺賊

五十年中一將臣青青草自田間出

金聖嘆：「此象疑一朱姓與一苗姓爭朝綱，而朱姓有以德服人之化，龍蛇相鬥，想在辰巳之年，其建都或在南方」。

第四九象壬子坤下坤上坤

讖曰：

山谷少人口欲剿失其巢

帝王稱弟兄紛紛是英豪

頌曰：

一個或人口內啼分南分北分東西
六爻占盡文明見棋布星羅日月齊
金聖嘆：「久分必合，久合必分，理數然也，然有文明之象，當不如割據者之紛擾也」。

第五十象癸丑震下坤上復

讖曰：

水火相戰時窮則變
貞下起元獸貴人賤

頌曰：

虎頭人遇虎頭年白米盈倉不值錢
豺狼結隊街中走撥盡風雲始見天
金聖嘆：「此象遇寅年遭大亂，君昏臣暴，下民無生息之日，又一亂也」。

第五一象甲寅兌下坤上臨

讖曰：

陰陽和化以正

坤順而感後見堯舜

頌曰：

誰云女子尚剛強坤德居然感四方

重見中天新氣象卜年一六壽而康

金聖嘆：「此象乃明君得賢后之助，化行國內，重見昇平，又一治也。卜年一六，或在位七十年」。

第五二象乙卯乾下坤上泰

讖曰：

彗星乍見不利東北

踽踽何之瞻彼樂國

頌曰：

欃槍一點現東方吳楚依然有帝王

門外客來終不久乾坤再造在角亢

金聖嘆：「此象主東北被夷人所擾，有遷都南方之兆。角亢南極也。其後有明君出，驅逐外人，再度昇平」。

第五三象丙辰乾下震上大壯

讖曰：

關中天子禮賢下士
順天休命半老有子

頌曰：

一個孝子自西來手握乾綱天下安
域中兩見旌旗美前人不及後人才

金聖嘆：「此象有一秦姓名孝者，登極關中，控制南北，或以秦為國號，此一治也」。

第五四象丁巳乾下兌上夬

讖曰：

磊磊落落殘棋一局

啄息苟安雖笑亦哭

頌曰：

不分牛鼠與牛羊去毛存　尚稱強

寰中自有真龍出九曲黃河水不黃

金聖嘆：「此象有實去名存之兆，或為周末時，號令不行，尚須止朔：亦久合必分之徵也」。

第五五象戊午乾下坎上需

讖曰：

懼則生戒無遠勿屆

水邊有女對日自拜

頌曰：

覬覦神器終無用翼翼小心有臣眾

轉危為安見節義未必河山是我送

金聖嘆：「此象有一石姓或劉姓一統中原，有一姓汝者謀篡奪之，幸有大臣盡忠王室，戒謹惕勵，一切外侮不滅自滅，雖亂而亦治也」。

第五六象己未坤下坎上比

讖曰：

飛者非鳥潛者非魚

戰不在兵造化游戲

頌曰：

海疆萬里盡雲煙上迄雲霄下及泉

金母木公工幻弄干戈未接禍連天

金聖嘆：「此象軍用火，即亂不在兵之意。頌云，海疆萬里，則戰爭之烈，不僅在於中國也」。

第五七象庚申兌下兌上兌

讖曰：

物極必反以毒制毒

三尺童子四夷讋服

頌曰：

坎離相剋見天倪天使斯人弭殺機

不信奇才產吳越重洋從此戢兵師

金聖嘆：「此象言吳越之間有一童子，能出奇制勝，將燎原之火撲滅淨盡，而厄運自此終矣，又一治也」。

第五八象辛酉坎下兌上困

讖曰：

大亂平四夷服

稱兄弟六七國

頌曰：

烽煙淨盡海無波稱王稱帝又統和

猶有煞星隱西北未能遍唱太平歌

金聖嘆：「此象有四夷來王，海不揚波之兆。惜乎西北一隅尚未平靖，猶有遺憾，又一治也」。

第五九象壬戌艮下兌上咸

讖曰：

無城無府無爾無我

天下一家治臻大化

頌曰：

一人為大世界福手執籤筒拔去竹

紅黃黑白不分明東南西北盡和睦

第六十象癸亥坤下兌上萃

讖曰：

一陰一陽無始無終

終者自終始者自始

頌曰：

茫茫天數此中求世道興衰不自由

萬萬千千說不盡不如推背去歸休

金聖嘆：「一人在前，一人在後，有往無來，無獨有偶，以此殿圖，其寓意至深遠焉。無象之象勝於有象。我以不解解之，著者有知當亦許可」。

唐朝李淳風「藏頭詩」

唐朝司天監供應制詔賜紫臣李淳風撰

唐太宗貞觀七年五月十九日，太宗問於淳風曰：「朕之天下今稍定矣。卿深明易道不知何人始喪我國家，以及我朝之後，登極者何人，得傳者何代，卿為朕歷歷言之」。

對曰：「欲知將來當觀已往得賢者治，失賢者喪，此當萬世不易之道也」。

太宗曰：「朕所問者非此之謂也，欲卿以術數之學推我朝得享幾許年，至何人亂我國家。何人得我國家、以及代代相傳，朕預知之耳？」

淳風曰：「此乃天機，臣不敢洩」。

太宗曰：「言出卿口入朕之耳，惟卿與朕言之，他人皆不能知也，卿必為朕言之」。

淳風曰：「臣不敢洩漏」。

太宗曰：「卿若不言亦不強試隨朕入禁宮，於是淳風侍太宗登高樓」。

太宗曰：「上不至天，下不至地，卿可為朕言之」。

淳風曰：「亂我朝之天下者，即在君側，三十年後，殺唐之子孫殆盡，主自不知耳」。

太宗曰：「此人是文是武，卿為朕明言之，朕即殺之，以除國患」。

淳風曰：「此乃天意，豈人力所能為耶，此人在二旬之上，今若殺之，天必禍我國家再生少年，唐室子孫益危矣」。

太宗曰：「天意既定，試約言其人？」

淳風曰：「其為人也，止戈不離身，兩目長在空，實如斯也」。

太宗曰：「亂我國家，何人能平之？」

淳風曰：「有文曲星下界，生於賣豆腐之家，後來為相，自能平之」。

太宗曰：「此人何姓？」

淳風曰：「天機不可洩，洩之有殃」。

太宗曰：「此人平後可治乎？」

淳風曰：「己丑有一口一巾，不成五者亂之。幸有五天罡下界平治」。

太宗曰：「此後可太平乎？」

淳風曰：「前二十四年可媲美於堯舜，後二十四年又有亂天下者，危而不危，一人大口逢楊而生遇郭而止」。

太宗曰：「何人平治？」

淳風曰：「光子作將，然後平治」。

太宗曰：「此後可太平乎？」

淳風曰：「越五十年間稍稍太平，後六十年混世魔王下界，日月生於面目，殺人無數，血流成河，幸有獨眼龍平治之，後又有樹掛拐尺者亂之。此時天下荒亂，人民飢餓，四十年中，有五火豬更遞為君。唐家血食盡矣，天下非唐有矣」。

太宗曰：「此後何君出焉？」

淳風曰：「有真龍降世，走隨小月。陽火應運，木時戴帽。開天地之文運，啟斯世之朦朧，禮樂作教化興，真太平有道之世也」。

太宗曰：「亂此國又是何人？」

淳風曰：「有亂之者然君臣皆賢，惜不單其後，後得撥亂之臣，始得漸平，迨二百年有春頭之人，蒙蔽主上，陷害忠良。使此國之君，另守一方。迨一百年之後，有人之王頭腰八者亂之。然亦不得此國之天下，有一兀之主興焉。人皆披髮頭生花，聽其語不知其音，視其人惡見其面。若非天生一牛。日月並行，天下幾無人類也，女生鬚，男生子，地裂山崩矣」。

太宗曰：「此後太平乎？」

淳風曰：「此後大水在足，以有道之主生焉，然數年後，幽燕並起，皇孫遁去〈指燕王篡奪位，即後來之明成祖〉，又越數十年，有承天啟之主出焉，又得忠賢之臣，委以重任，斯壞國家」。

太宗曰：「忠賢之臣，以壞國家，卿言何顛倒也？」

淳風曰：「天意如是斯人皆得志，混世魔王出焉，一馬常在門中，弓長不肯解弓，殺人其勢洶洶，其時文士家中坐，武將不領人，越數年乃喪國家，有八旗常在身之主出焉，人皆口內生火，手上走馬，頭上生花，衣皆兩截，天下人幾非類矣，越二百餘年，又有混世魔王出焉，頭上生黃毛，目中長流水，口內食人肉，於是人馬東西走，苦死中原人，若非真主，生於紅雁之中，木子作將，廿口作臣，天下人民尚有存者哉，然八十年後，魔王遍地殃星滿，天有之者，有無之者，無金銀隨水去，土木了無人，不幸帶幸，亡來又有金，越數年後，人皆頭頂五八之帽，身穿天之衣，而人類又無矣，幸有小天罡下界，掃除海內而太平焉」。

太宗曰：「太平之後又若何？」淳風曰：「九十年後，又有木萄之人出焉，常帶一枝花，太陽在日，太陰在月，紊亂山河，兩廣之人民受無窮之禍，不幸有賀之君，身帶長弓，一日一勾，此人目常在後，眉常在腰，而人民又無矣，若非真主出焉，天下焉得文明」。

太宗曰：「何為文明？」

淳風曰：「此人頭一瓮，兩手在天，兩足入地，腰繫九觔帶，身穿八丈衣，四海無內外，享福得安寧，秀士登紫殿，紅帽無一人」。

太宗曰：「太平幾何？」

淳風曰：「如是五十年，惜以一長一短，以粗為細，以小為大，而人民困矣，朝野亂矣，賴文武二曲星，一生於冀內，一生於泥中，後來兩人同心，而天下始太平矣，五百餘年，天使魔王下界，混亂人民，一在山之山，一在土之土，使天之人民，男不男，女不女，而天下大亂矣」。

太宗曰：「亂後如何？」

淳風曰：「大亂之後，又有真主出焉，無口無目，無手無足，觀之不見人，聽之不聞聲，當是時也，天下文明，皆知禮俗，尚淳厚三代，而後此為有道之世也？」太宗曰：「如是者幾何年？」

淳風曰：「如是者二百八十年，迨後立不立，天下無日，坐不坐，地下無貨，安之曰安，一不成危之曰危，二不成而混世之王出焉，男女皆去衣而行，禽獸皆著衣而走，海內之地幾無人類矣，幸太原有人主之分，而天下始平」。

太宗曰：「此後復何如？」

淳風曰：「此後衣冠文物之世，而大聖生於言午，相之者又桑中，白玉上黃盤河中，而天下有三日，地無一石，生在此時者，皆享莫大之福也」。

太宗曰：「若此者多少年？」

淳風曰：「如此者六百年後來，天出口山水內鳴，始壞國家於是人民惶惶，魔王生焉，人皆四目，牛無足，頭生於背，尾生於口，而天下大亂，有口者曰妖，二目者曰魔，鼠生當陽群魔盡焉，背上生子，腰中出手，天上無星辰，地下無山河，幸有向日之主出焉，貧者憐之，富者仰之，而人皆享福，當時二人一處生，二人不外走，大者須供，小者又要走」。

太宗曰：「以後何如？」

淳風曰：「此後二百年間，雖治亂相循然不至於大亂，過此以往，海內又有海，天上更有天，人馬東南走，苦死中原人，有也常在側，貓兒不輕身，見之者曰有耳，視之者曰無形，而天下大亂者，六十餘年」。

太宗曰：「此後又如何？」淳風曰：「此後一治一亂，兩兩相至，酉戌之年，人數盡矣，天地合矣」。

太宗曰：「噫，朕知之矣！」

宋邵康節先生梅花詩十章

其一

蕩蕩天門萬古開。幾人歸去幾人來。
山河雖好非完璧。不信黃金是禍胎。

其二

湖山一夢事全非。再見龍雲向北飛。
三百年來終一日。長天碧水嘆瀰瀰。

其三

天地相乘數一原。忽逢甲子又興元。
年華二八乾坤改。看盡殘花總不言。

其四

畢竟英雄起布衣。朱門不是舊皇畿。
飛來燕子尋常事。開到李花春已非。

其五

胡兒騎馬走長安。開闢中原海境寬。
洪水作平洪水起。清光宜向漢中看。

其六

漫天一白漢江秋。憔悴黃花總帶愁。
吉曜半升箕斗隱。金烏起滅海山頭。

其七

雲霧蒼茫各一天。可憐西北起烽煙。
東來暴客西來盜。還有胡兒在目前。

其八

如棋世事局初殘。共濟和衷卻大難。

豹死猶留皮一襲。最佳春色在長安。

其九

火龍蟄起燕門秋。原壁應難趙氏收。
一院梨花春有主。連宵風雨不須愁。

其十

數點梅花天地春。欲將剁復問前因。
還中自有承平日。四海為家孰主賓。

劉伯溫燒餅歌

明太祖一日身居內殿食燒餅。方啖一口。內監忽報國師劉基進見。太祖以碗覆之。始召基。入禮畢。
帝問曰。先生深明數理。可知碗中是何物件。
基乃捏指輪算對曰。半似日兮半似月。曾被金龍咬一缺。此食物也。開視果然。
帝即問以天下後世之事若何。

基曰。茫茫天數。我主萬子萬孫。何必問哉。帝曰。雖然。自古興亡原有一定。況天下非一人之天下。惟有德者能享之。言之何妨。試略言之。

基曰。洩漏天機臣罪非輕。陛下恕臣萬死。方敢冒奏。帝即賜以免死金牌。基謝恩畢。奏曰。我朝大明一統世界。南方終滅北方興。雖然太子是嫡裔。文星高拱日防西。

帝曰。朕今都城築堅守密。何妨之有。

基曰。臣見都城雖屬鞏固。防守嚴密。似覺無虞。只恐燕子飛來。隨作歌三首曰。此城御駕盡親征。一院山河永樂平。禿頂人來文墨苑。英雄一半盡還鄉。北方胡虜殘生命。御駕親征得太平。失算功臣不敢諫。舊靈遮掩主驚魂。國壓瑞雲七載長。胡人不敢害賢良。相送金龍復故舊。靈明日月振邊疆。

帝曰。此時天下若何。

基曰。天下大亂矣。

帝曰。朕之天下有誰亂者。

基曰。天下飢寒有怪異。棟樑龍德乖嬰兒。禁宮闊大任橫走。長大金龍太平時。老揀金精尤壯旺。相傳昆玉繼龍堂。閹人任用保社稷。八千女鬼亂朝綱。

帝曰。八千女鬼亂朕天下。若何。忠良殺害崩如山。無事水邊成異潭。救得蛟龍真骨肉。可憐父子順難當。

帝曰。莫非父子爭國乎。

基曰。非也。樹上挂曲尺。遇順則正。至此天下未已。

帝曰。何為未已。

基曰。萬子萬孫層疊層。祖宗山上貝衣行。公侯不復朝金闕。十八孩兒難上難。卦曰。木下一了頭。目上一刀一戊丁。天下重文不重武。英雄豪傑總無成。戊子己肚亂如麻。到處人民不在家。偶遇飢荒草寇發。平安鎮守好桂花。

帝曰。偶遭飢荒平常小醜天下已乎。

基曰。西方賊擁亂到前。無個忠良敢諫言。喜見子孫恥見日。衰頹氣運早升天。月缺兩二吉在中。奸人機發走西東。黃河涉過鬧金闕。奔走梅花上九重。

帝曰。莫非梅花山作亂乎。從今命人看守何如。

基曰。非也。遷南遷北定太平。輔佐帝主有牛星。運至六百又得半。夢奇有字人心驚。

帝曰。有六百年之國祚朕心足矣。尚望有半乎。天機卿難言明。何不留下錦囊一封藏在庫內。世世相傳勿遺也。急時有難則開視之可乎。

基曰。臣亦有此意。遂又歌曰。九尺紅羅三尺刀。勸君任意自遊遨。閹人尊貴不修武。惟有胡人二八秋。臣封櫃內俟後開時自驗。桂花開放好英雄。拆缺長城盡孝忠。周家天下有重復。摘盡李花枉勞功。黃牛背上鴨頭綠。安享國家珍與粟。雲蓋中秋迷去路。胡人依舊胡人壽。反覆從來折桂枝。水浸月宮主上立。禾米一木併將去。二十三人八方居。

帝曰。二十三人亂朕天下。八方居否。

基曰。臣該萬死。不敢隱瞞。至此大明天下亡之久矣。

帝大驚。即問此人生長何方。若何衣冠。稱何國號。治天下何如。

基曰。還是胡人二八秋。二八胡人二八憂。二八牛郎二八月。二八姮娥配土牛。

帝曰。自古胡人無百年之國運。乃此竟有二百餘年之運耶。

基曰。雨水草頭真主出。赤頭童子皆流血。倒置三元總讒說。須是川頁合成出。十八年間水火奪。庸人不用水火臣。此中自己用漢人。卦分氣數少三數。親上加親又配親。

帝曰。胡人至此用人水奪火滅。親上加親。莫非駙馬作亂乎。

基曰。非也。胡人英雄水火既濟安享太平。有位有勢。時值昇平。稱為盛世。氣數未滅。遇有後繼寶劍重磨。又重磨抄家滅族可。奈何閹人社稷藏邪鬼。孝弟忠奸誅戮多。李花結子正逢春。牛鳴二八倒插丁。六十周甲多一甲。螺角倒吹也無聲。點畫佳人絲自分。一止當年嗣失真。泥雞啼叫空無口。樹產靈枝枝缺魂。朝臣乞來月無光。叩首各人口渺茫。一見生中相慶賀。逍遙周甲樂飢荒。

帝曰。胡人到此敗亡否。

基曰。未也。雖然治久生亂。值此困苦。民懷異心。然氣運未盡也。廿歲力士開雙口。人又一心度短長。時俺寺僧八千眾。火龍渡河熱難當。叩首之時頭小兀。姮娥雖有月無光。太極殿前卦對卦。添春禳斗鬧朝堂。金羊水猴飢荒歲。犬吠豬鳴淚兩行。洞邊去水台用水。方能復正舊朝綱。火燒鼠牛猶自可。虎入泥窩無處藏。草頭家上十口女。又抱孩兒作主張。二四八旗難蔽日。遼陽思念舊家鄉。東拜斗西拜旗。南逐鹿北逐獅。分南分北分東西。偶逢異人在楚歸。馬行萬尋殘害中。女四木雞六一人。不識山水倒相逢。黃龍早喪赤城中。豬羊雞犬九家空。飢荒災害皆並至。一似風登民物同。得見金龍民心開。刀兵水火一齊來。文錢斗米無人糴。父死無人兄弟抬。天上金龍絆馬甲。二十八星問土人。蓬頭幼女蓬頭嫁。揖讓新君讓舊君。

帝曰。胡人至此敗亡否。

基曰。手執鋼刀九十九。殺盡胡人方罷休。炮響火煙迷去路。遷南遷北六三秋。可憐難之渡門關。摘盡李花胡不還。黃牛山下有一洞。可投拾萬八千眾。先到之人得安隱。後到之人半路送。難恕有罪無不罪。天下算來民盡瘁。火風鼎。兩火初興。定太平。火山旅。銀河織女讓牛星。火德星君來下界。金殿樓台盡丙丁。一個鬍子大將軍。按劍馳馬察情形。除暴去患人多愛。永享九州金滿盈。

帝曰。胡人此時尚在否。

基曰。胡人至此亡之久矣。四大八方有文星。品物咸亨一樣形。琴瑟和諧成古道。左中興帝右中興。五百年間出聖君。周流天下賢良輔。氣運南方出將臣。聖人能化亂淵源。八面夷人進貢臨。宮女勤針望夜月。乾坤有象重黃金。北方胡虜害生靈。更會南軍誅戮行。匹馬單騎安外國。眾君揖讓留三星。上元復轉氣運開。大修文武聖主裁。上下三元無倒置。衣冠文物一齊來。七元無錯又三元。大開文風考對聯。猴子沐盤雞逃架。犬吠豬鳴太平年。文武全才一戊丁。流離散亂皆逃民。愛民如子親兄弟。創立新君修舊京。千言萬語知虛實。留與蒼生作證盟。

隋朝步虛大師預言詩

昔因隋亂採菩提，
誤入天台石寶西。
朝飲流霞且止渴，
夜餐玉露略充飢。
面壁九年垂大道，

指彈十代換新儀。
欲我辟途途誤我，
天機難洩洩禪機。

〈一〉

雲暗暗，霧愁愁，龍歸泥土塑獮猴；三歲孩童三載福，月下無主水空流，萬里煙波一旦收。

〈二〉

君做祖，質彬彬，萬里長虹破浪征；黃鶴樓中吹玉笛，八方齊唱凱歌吟，旌旗五色換新新。

〈三〉

吉士懷柔，三十年變，豈凡人哉？曇花一現，南北東西，龍爭虎戰，七八數定，山川粗奠。

〈四〉

干戈起，逐鹿忙，草莽英雄將出山，多少枕戈豪傑士，風雲聚會到江南，金陵日月又重光。

〈五〉

瀛洲虎，渡海狼，滿天紅日更昏黃，茫茫神州傷破碎，蒼生處處哭爺娘，春雷乍響見晴陽。

〈六〉

細柳營中，群雄豪飲，月掩中秋，酣睡未醒，雙獅搏球，一墜其井，紅粉佳人，面黶櫻景。

〈七〉

春雷炸，豎白旗，千萬活鬼哭啼啼，石頭城中飛符到，再看重整漢宮儀，東山又有火光照。

〈八〉

日月蝕，五星稀，二七交加掛彩衣，野人舉足迫金虎，遍地紅花遍地飢，富貴貧賤無高低。

〈九〉

二七縱橫，一牛雙尾，無復人形，日行恆軌，海上金鰲，玄服律呂，鐵鳥凌空，東南盡毀。

〈十〉

紅霞蔚，白雲蒸，落花流水兩無情，四海水中皆赤色，白骨如丘滿崗陵，相將玉兔漸東升。

〈十一〉

蓋棺定，功罪分，茫茫海宇見承平，百年大事渾如夢，南朝金粉太平春，萬里山河處處青。

〈十二〉

世宇三分，有聖人出，玄色其冠，龍張其服，天地覆明，處治萬物，四海謳歌，蔭受其福。

詩曰：

茫茫天數本難知，
惟在蒼生感太虛，
老僧不敢多饒舌，
洩露天機恐被誅。
繁華市，變汪洋。
高樓閣，變坭崗。
父母死，難埋葬。
爹娘死，兒孫扛。
萬物同遭劫，虫蟻亦遭殃。
幸得大木兩條支大廈。
鳥飛羊走返家邦。

能逢木兔方為壽，澤及群生樂且康。
有人識得其中意，富貴榮華百世昌。
層樓壘閣聳雲霄，車水馬龍竟夕囂。
淺水鯉魚終有難，百載繁華一夢消。

諸葛武侯百年乩 1933

其一

天數茫茫不可知。鸞臺暫說各生知。世界干戈終爆發。鼠尾牛頭發現時。
此次戰禍非小可。鳶飛魚躍也愁眉。天下生靈西復東。可憐遍地是哀鴻。
屍填溝壑無人拾。血染山河滿地紅。天下重武不重文。那怪環球亂紛紛。
人我太陽爭北土。美人東渡海波生。十四一心人發奮。水去西方啟戰爭。
晉有出頭寧坐視。中央生草不堪耘。切齒讎仇今始復。堅固金城壹旦傾。
除非攜手馬先生。馬騰四海似蘇秦。遊說辯才世罕有。掉他三寸舌風生。

得與聯軍說事因。東人首肯易調停。青天白日由西落。五星旗幟向東生。
二蔣相爭一蔣傷。兩陳相遇一陳亡。東土不如西土樂。五羊風雨見悲傷。
水巷仍須是樂邦。諸生不用走忙忙。錢財散盡猶小事。性命安全謝上蒼。
今宵略說言和語。留與明宵話短長。

其二

紅日落完白日落。五星燦爛文明國。中山傾頹草木殃。豺狼虎豹同一鑊。
兩重火土甚光明。士農工商皆有作。木子楊花真武興。小小天罡何足論。
強反弱兮弱反強。王氣金陵黯然盡。故都陝北聚英華。文物衣冠頭尚白。
氣運南方出豪傑。克定中原謀統一。佳人絕色自西來。弄權竊國氣驕溢。
狐兔成群功狗烹。倒亂君臣誰與匹。太陽沉去霧雲收。萬國低頭拜彌勒。
治亂循環有定時。根樹生枝惟四七。聖人星出現南方。紀念化為公正堂。
西南獨立曇花現。飛虎潛龍勢莫當。聯軍東指同壹氣。劍仙俠士有奇秘。
水能剋火火無功。炮火飛機何處避。此是陰陽造化機。意土發明成絕技。

稱雄東土日已終。物歸原主非奇事。此時國恥一齊消。

其三

四海昇平多吉兆。異術殺人不用刀。偃武修文日月高。三教聖人同住世。
群魔妖怪豈能逃。可嘆草頭燒不盡。野外春風吹又生。官中仗劍除奸佞。
白頭變作赤頭人。田間再出華盛頓。造福人群是真命。此人原是紫微星。
定國安民功德盛。執中守一定乾坤。巍巍蕩蕩希堯舜。百年世事不勝悲。
誠恐諸君不及見。好修因果待來生。將相公侯前世善。或是星辰下界來。
或是神仙搖一變。或是前生因果大。當然轉世功名顯。山人復對諸君談。
續上前文同一線。千年萬載事悠悠。縱使神仙難預算。略將一二說君知。
酬答諸君還了願。山人告別返山川。來年再會諸君面。諸君各自顧前程。
好向靈山勤修煉。

劉伯溫金陵塔碑文

金陵塔，金陵塔
劉基建，介石拆
拆了金陵塔，軍民自己殺。
草頭相對草頭人。
到尾只是半縮龜，洪水横流成澤國，路上行人背向西。
日出東，日沒西。
家家戶戶受慘淒。
德逍遙，意逍遙，百載繁華一夢消。
紅頭旗，大頭星。
家家戶戶吊伶仃。
三山難立足，五子齊榮升。
心忙忙，意忙忙，清風橋拆走如狂。
爾一黨時我一黨。

坐高堂，食高粱，全不計及他人喪。
廿八人，孚眾望，居然秧針勝刀槍。
小星光，蔽星光，廿將二人走北方。
去家木，路傍徨，到處奔波人皆謗。
大海落門閂，河廣未為廣。
良田萬頃無男耕，大好蠶絲無女紡。
麗人偏愛將，爾我互相幫。
四水幸木日，三虎逞豪強。
白人誠威武，因心花鳥慌，逐水去南漢，外兒歸母邦。
盈虛原有數，盛衰也有無。
靈山遭浩劫，烈火倒浮濤。
劫劫劫，仙凡逃不脫。
東風吹送草木哀。

洪水滔天逐日來。

六根未淨隨波去。

正果能修往天台。

二四八，三七九。

禍源種已久。

民三民十民三七，錦繡河山換一色。

馬不點頭石沉底，紅花開盡白花開，紫金山上美人來。

一災換一災，一害換一害。

十九佳人五五歲，地靈人傑產新貴。

英雄拔盡石中毛，血流標杆萬人號。

頭生角，眼生光。

庶民不用慌。

國運興隆時日到，四時下種太平糧。

一氣殺人千千萬，大羊殘暴過豺狼。
輕氣動山岳，一線鐵難當。
人逢猛虎難迴避，有福之人住山莊。

網路預言一則

綠布占紅幕。皇星墜塵世。多處暴行起。又遇天災降。
赤旗分東西。中原兩處地。左進右方軍。將佔四海島。
裂痕數十載。一夕盡還原。天下未太平。又見異軍起。

黃蘗禪師詩

一、日月落時江湖閉，青猿相遇判興亡；八牛運向滇黔盡，二九丹成金谷藏。
二、黑虎當頭運際康，四方戡定靜垂裳；唐虞以後無斯盛，五五還兼六六長。
三、有一真人出雍州，鵪鴿原上使人愁；須知深刻非常法，白虎嗟逢歲一週。

四、乾卦占來景運隆，一般六甲祖孫同；外壤初度籌邊策，內禪無慚太古風。

五、赤龍受寵事堪嘉，那怕蓮池開白花；二十五弦彈易盡，龍來龍去又逢蛇。

六、白蛇當道漫騰光，宵吁勤勞一世忙；不幸英雄海上來，望洋從此歎茫茫。

七、亥豕無訛二卦開，三三二二總堪哀；東南萬里紅巾擾，西北千群白帽來。

八、同心佐治運中興，南北烽煙一掃平；一紀剛周陽一復，寒冰空自惕兢兢。

九、光芒閃閃見災星，統緒旁延信有憑；秦晉一家乃鼎足，黃猿運兀力難勝。

十、用武當時白虎年，四方各自起烽煙；九州又見三分定，七載仍留一線延。

十一、紅雞啼後鬼生愁，寶位紛爭半壁休；幸有金鰲能載主，旗分八面下秦州。

十二、中興事業付麟兒，豕後牛前耀德儀；繼統偏安三十六，坐看境外血如泥。

十三、赤鼠時同運不同，中原好景不為功；西方再見南軍至，剛到金蛇運已終。

十四、日月推遷似輪轉，嗟予出世更無因；老僧從此休饒舌，後事還須問後人。

面對未來的準備參考

生活方面：

食

飲用水、罐頭、巧克力、各種乾糧的保存方式（即使在無冰箱可用時）

衣

冷與熱時穿的衣物、清洗與用水問題、防濕衣具

住

另有較安全之處可暫時棲身、居家排泄、垃圾與衛生清潔系統、其他必用的民生用品，檢視逃生設備與補強居住環境的安全性

行

出國避險計畫、單車等非用油的交通工具

特殊需求

急救法、醫學防護常識、急救包、急救箱、電池、手電筒、收音機、清潔用品、滅火器、防身器、沙包袋、手機、高樓逃生設備、個人特殊需求與藥品

應照顧者

長幼殘疾者的特殊需求與照顧，以及特殊醫療看護用品、寵物照料

能源

沒水、沒電、沒油的情況下的處置、備用與替代能源

其他

熟悉周遭環境，如醫院、警察局，軍事機關、重要資料與聯絡地址、電話、熟識者之備份存檔（包括電腦資料，最好有實體備份）

珍貴有紀念性物品之收藏處理

減少財物被破壞的加強保護措施

財務方面：

動產

結構調整、保值轉換、交易考量、保全處置、留意新的金融政策與既有法規、股市期貨市場波動、日常金錢的使用習慣

不動產

信託計畫、轉換動產、天災人禍的保險可能，見好脫手

工作

可能的影響評估與防災準備，工作的穩定性，公司與部門變動可能、關注並提防管理階層的動作與因應作為，災後復工之保證

企業

分散風險，遷廠，在他處安置設備，關鍵技術與資料的保存保密，照顧員工，訂好應變條例，國外保險，關心時局與政令，良心經營、勿過份囤積民生所需。防範內神外鬼的偷竊搶奪。

災害防護方面有：

戰爭、傳染病、經濟大蕭條、地震、火災、氣爆、水災、土石流、環境的冷熱防護等

其他留意事項：

因應災禍時期的長短而作相應的準備，過多過少皆不宜

擬訂計畫採購先後所需的物資

準備各種災禍的應變計畫，並熟記安排之

對變亂的心理建設、節約等觀念與持續關注局勢發展，切莫恐慌

心靈慰藉與宗教，鍛鍊強健的身體，良好的作息習慣

慎防各類欺騙與謠言，隨時注意可疑的人事物

盡量發揮個人的力量正面關懷與協助他人，不忘見義勇為

組織地方社區彼此救援互助的團結力量

（閱讀本書後，若有所受益或受到感動，可代為宣傳，讓本書能從正面影響更多了人，共同造福人群；也期望在未來各種動亂時，人人能互助，不要再為私慾使世界更糟亂下去。若讀者有寶貴意見，也歡迎到個人的著作網站留言：flei.b6.to）

本書預言年代紀

時間	NOS presage	NOS 1	NOS 2	Sabato	歐美預言	推背圖	藏頭詩	萬年歌	燒餅歌	武侯百年乩	金陵塔	步虛大師	其他
(I) 2002-2004						第 43 象 兩岸分治狀態		兩分疆界、為君一百九					
(II) 2005										木子楊花真武興			綠布占紅幕，兩岸戰事
													台灣政壇重整與過渡政府
(III) 2006				美俄友好	傳染病帶來大饑荒								東亞有大傳染病，兩岸經濟不佳，台灣兩新領導者出，台灣經濟回春。有大彗星出現
2007		春天有兆，日蝕，地軸變，十月大地震		北極冰帽融化，海水高漲，影響全世界，地震頻仍	北極長期雨季，北極圈內國家因融冰而團結時，南方國家開始緊張。無數人待援，北半球眾國多成無政府狀態						靈山水火大劫		年末時臺灣有三處大地震，災情與貪污嚴重，社會動盪。兩韓關係緊張
		新巴比倫興起、土耳其、波斯、大屠殺 (帝國維持 73 年 7月，到 2080)	新中亞王朝在其最後攻勢前將震動耶回世界達 25 年 (2007-2031)		伊朗併吞伊拉克，興兵百萬，攻擊土耳其和埃及								中國天災內亂
													中國北方東西分裂互戰。中國威脅臺灣，兩岸裂痕數十載，一夕盡還原。中國又見異軍起
2008		歐洲在 48 度有聖靈出來趕走波斯的威脅			中亞王不久後被暗殺								臺灣經濟不佳
						第 44 象 聖人救難		中華定、南北平		南方出豪傑、南北謀和		中國三分天下出聖人，玄冠龍服	臺海第二次戰爭威脅，臺灣避禍。中國亂後安定
2009				中與歐洲、澳洲經貿密切									臺灣新生代領袖出，與大陸經貿密切
2010-2015			北方、東方人結合，迫害教會將近 11 年 (2013 -2023)	此期前後從東方有人傳出預言智慧到西方，但不被接受									兩岸仍在明爭暗鬥。臺灣有核武威脅。南韓與北韓談統一

(IV) 2016				中國國內與外國有五年大危機(2016-2020)			日強中弱，相互爭強						
				中打印度									
2017							日佔兩廣大災禍	雞上火、大變化	火德星君來下界		美攻佔紫金山		
								賀君出現，對日先不動手，另訂大中國的新國		佳人自西來，弄權亂君			
2018-2019				有更激烈戰事，中打日，中打中南半島、印、巴、阿富汗	印度被中國攻佔								兩韓統一
(V) 2020		50度木葡教主出，革新天主教會。有大和平、各國紛與假扮智者、憤怒之木葡國結盟			木葡有古老典籍，自認先知，並有預言，影響範圍從法國到印度		木葡興起，賀君立	四海無波 209日			賀君剷除異己		
2021	1)聯合國總部會決議一恐怖事，新國王備戰@2			中國人民大量外移，東西文化血統大交流	新歐盟成立					中國人臣服於矮胖賀君			
	1)東地中海戰事，結盟LA @3												
	有天火降，教庭不安@7				彗星墜落，歐洲海吹起強風，夾雜大量塵土，滿蓋各國一直覆蓋到埃及、伊索匹亞和羅馬。地震和閃電發生@7，天主教被木葡勢力佔據。大地震，美西裂開，紐約、羅馬大震災，日、英大水								

	1)危機後，義與土耳其人談和，後者後悔												
2022	2)義西南海戰 @6												
	2)間諜入法，法與南歐動亂 @7	多國、多民棄舊俗，反自由，成宗教與政治的極右派勢力											
	2)水患大，俄向著東方@10		原行統治的俄王敗	中敗俄									
(VI) 2023	3)多瑙河有戰事、和平崩解@2	歐洲好戰右派抬頭	木葡得教會軍權、改宗教秩序、教士流血				賀君向西十年 (2023-2032)		賀君擴張的第一階段，四年 (2023~202				
	3)一領袖復位@4，大戰不止@4~11		歐出現短暫在位的許多領袖		巴爾幹發生重要領袖被暗殺的事件								
	3)北非人打西、俄侵入德境@7		南方中亞王繼俄興起強盛三年 (2023-2026)。海戰、拉丁語各國宗教衝突劇烈										
		中亞大狗後，又來了俄國大猛犬摧毀一切			暗殺事件，紅軍與納粹密謀，三戰之始 (2023-2033)								
	3)2紅4耶戰敗@8 後		北方第三王更換一切事物		歐戰慘烈，法王興起，紅軍大敗，俄首領自殺，納粹頭子炸死，賀君東逃	第 45 象 炎運宏開世界同							
	3)中亞王戰歐洲、義和多瑙河@10				歐洲大疫疾繼起								
	3)歐俄休戰，仍有間諜戰，法要求戰爭賠償				歐洲殘破								
2024	4)70 對新聯盟成立@3												

	4)中亞王信服來自東方的海軍武力			中打兩伊、土耳其和東歐	回教律改								
	4)新國之新王登基迷惑東方人@7												
	4)教皇離法，羅馬尼亞被迫接受和約@11												
	4)外人三方進軍歐洲@12			中攻北義、奧、瑞、東南法與荷比									
2025	5) 中國紅軍與木葡交戰後，讓被選出的木葡領袖存活，後者密謀奪權計畫@4			北非各強權國佔領整個非洲									
	5)有長尾彗星出現，木葡被人推崇，後形成暴動，繼而失敗@7~9												
	5)教會高層重組，新得權者為愚盲的眾人@10	教會恢復，驕奢淫逸	教皇回位、被孤立										
	5)木葡一領袖死，某件暗殺公正者的事件@12												
(VII) 2026	6)教會遭兵燹@3	國王將軍們奪走教會武裝	耶教聖地神殿、新舊約大毀壞，姦淫擄掠		英國內亂不止								
	6)中亞王帶來大極邪惡@4	教會同流合污，背離信徒，鎮壓信眾			土耳其興起，俄歐與土、阿人交戰								

	6)疫疾，美自歐撤軍，不再是王中之王@5				中日結盟，控制亞洲			賀君建立大「元」帝國	金殿樓臺盡丙丁(2026-27)賀君擴張的第二階段，七年				
	6)再被攻佔，歐人結合增強力量@7~8後				部份英法結合一體								
	6)各外敵戰敗散亂@10後	法王帶領歐人脫離奴隸國度，建立自由城市											
2027	春好，夏秋天氣惡劣												
	7)戰爭暴亂、同盟不和、高位者死貶、新木葡領導者在里昂行破壞，後死於政治@1~4	木葡勢力光環退	更悲慘的戰鬥		天主教再興與改革								
	7)海陸大統領自薦，敵人遇強風難行@10~11												
2028	8)歐洲全年有大佔領、死亡、逃亡、洪水、瘟疫，大惡	黑暗中可憎者出，後期死											
	8)歐洲政治宗教大辯論、政治壓迫宗教@4	教會被神棄。歐有宗教大迫害與大瘟疫，歐人三分之二死亡或遷徙											
	8)五月歐洲大地震、降雹，惡人殺重要人物@ 5												
	8)情況由好變壞，木葡教徒失勢@9												

	諸多惡事發生@10~12												
2029	9)食物豐收雨順、教會墮落@1												
	9)眾王互鬥仇恨@3												
	9)發明可動之器@4									此是陰陽造化機。意土發明成絕技			
	9)洪水大雨季@8~10，一波波瘟疫@5~8，失職失敗，快樂地復仇												
2030	10)歐洲情況極惡劣，雪雨瘟疫傷殘@1~2。政治邪惡勢力使天主教衰敗、變化劇烈@5	回教徒佔地中海要島，劫奪財物			五月到九月阿拉伯人二次自海上來攻。歐洲極差的一年								
	歐洲各山頭勢力林立，變動與紛亂，下半年歐洲多紛亂戰禍	因東方人，歐國家衰弱											
(VIII) 2030 (末)					俄與中日同時攻擊北美								
2031	11)教會大分裂，分財產與派別、犯錯@1	中亞與其他勢力使歐之兩教會大分裂、紅白無力改變狀況											
	11)美俄等極強者有嚴重損失@1~2				美國燃燒，中南美大軍北進								
	11)東方人武裝@6		中亞王最後攻勢		中、日與其他國家聯合敗俄								
	11)以色列多牛死、被攻佔@6	以色列被攻破荒涼，聖墓被破壞暴露			以俄為首，率利比亞、伊索匹亞和伊朗入侵以色列					南方聖人立公正堂，中國內戰，獨立短現			

	11)惡者被更惡者捉拿，法又大勝@9												
	11)敵人退至Thrace，一路劫奪。木葡人當道，壓迫各教派@11後												
(IX) 2032	12)因下毒而反彈，不和的西方團結，誓師出兵@1	西方反攻											
	12)兩大艦隊相遇@3												
	12)東方人衰弱，西方反攻軍，歐洲仍不太安寧@9												
	12)法王聲望達高峰、各國設計陷害宗教徒@10												
	12)法王死於臥室@11後									飛虎潛龍西來，新武器			
2033		北與西方人驅趕東方軍隊			聯軍敗印尼之守軍	第 45 象 西人至東而止，大敗日本				日敗、中國雪恥			
		東方之王被自己人所殺，推翻他並囚禁其後代			第三次世界大戰結束	第 46 象 一人難逃			豎子將軍除暴	異術殺人			
(X) 2034-					戰後歐美	第 47 象 讀書人出	魕君出現，中國赤色政權消滅	君正臣賢四海息戈		偃武修文，三教聖人出			
此欄之(#)為書中各章的對應年份	此欄之 #)為諾氏預言十二年的紀年順序												
	此@#代表某年的月份												

國家圖書館出版品預行編目

二十一世紀的大對決／雷正祺著. -- 一版. --
臺北市：秀威資訊科技， 2005[民 94]
面； 公分. -- ISBN 978-986-7263-47-6（上冊：平裝）.
ISBN 978-986-7263-48-3（下冊：平裝）
1. 未來學
2. 預言

541.49 94012076

社會科學類 PF0007

二十一世紀的大對決(下)

作　　者 / 雷正祺
發 行 人 / 宋政坤
執行編輯 / 魏良珍
圖文排版 / 沈裕閔
封面設計 / 莊芯媚
數位轉譯 / 徐真玉　沈裕閔
圖書銷售 / 林怡君
網路服務 / 徐國晉
出版印製 / 秀威資訊科技股份有限公司
台北市內湖區瑞光路 583 巷 25 號 1 樓
電話：02-2657-9211　傳真：02-2657-9106
E-mail：service@showwe.com.tw
經 銷 商 / 紅螞蟻圖書有限公司
台北市內湖區舊宗路二段 121 巷 28、32 號 4 樓
電話：02-2795-3656　傳真：02-2795-4100
http://www.e-redant.com

2006 年 7 月 BOD 再刷
定價：250 元

讀　者　回　函　卡

感謝您購買本書，為提升服務品質，煩請填寫以下問卷，收到您的寶貴意見後，我們會仔細收藏記錄並回贈紀念品，謝謝！

1.您購買的書名：＿＿＿＿＿＿＿＿＿＿＿＿＿＿

2.您從何得知本書的消息？

□網路書店　□部落格　□資料庫搜尋　□書訊　□電子報　□書店

□平面媒體　□ 朋友推薦　□網站推薦　□其他＿＿＿＿＿

3.您對本書的評價：(請填代號　1.非常滿意 2.滿意 3.尚可 4.再改進)

封面設計＿＿　版面編排＿＿　內容＿＿　文/譯筆＿＿　價格＿＿

4.讀完書後您覺得：

□很有收獲　□有收獲　□收獲不多　□沒收獲

5.您會推薦本書給朋友嗎？

□會　□不會，為什麼？＿＿＿＿＿＿＿＿＿＿＿＿＿＿＿＿

6.其他寶貴的意見：＿＿＿＿＿＿＿＿＿＿＿＿＿＿＿＿＿＿

＿＿＿＿＿＿＿＿＿＿＿＿＿＿＿＿＿＿＿＿＿＿＿＿＿＿＿

＿＿＿＿＿＿＿＿＿＿＿＿＿＿＿＿＿＿＿＿＿＿＿＿＿＿＿

＿＿＿＿＿＿＿＿＿＿＿＿＿＿＿＿＿＿＿＿＿＿＿＿＿＿＿

讀者基本資料

姓名：＿＿＿＿＿＿＿＿＿＿　年齡：＿＿＿　性別：□女　□男

聯絡電話：＿＿＿＿＿＿＿＿　E-mail：＿＿＿＿＿＿＿＿＿＿

地址：＿＿＿＿＿＿＿＿＿＿＿＿＿＿＿＿＿＿＿＿＿＿＿＿

學歷：□高中(含)以下　□高中　□專科學校　□大學

□研究所(含)以上　□其他＿＿＿＿＿＿＿

職業：□製造業　□金融業　□資訊業　□軍警　□傳播業　□自由業

□服務業　□公務員　□教職　□學生　□其他＿＿＿＿＿

請貼
郵票

To：114

台北市內湖區瑞光路 583 巷 25 號 1 樓

秀威資訊科技股份有限公司　　　收

寄件人姓名：

寄件人地址：□□□

(請沿線對摺寄回,謝謝!)

秀威與 BOD

BOD（Books On Demand）是數位出版的大趨勢，秀威資訊率先運用 POD 數位印刷設備來生產書籍，並提供作者全程數位出版服務，致使書籍產銷零庫存，知識傳承不絕版，目前已開闢以下書系：

一、BOD 學術著作—專業論述的閱讀延伸
二、BOD 個人著作—分享生命的心路歷程
三、BOD 旅遊著作—個人深度旅遊文學創作
四、BOD 大陸學者—大陸專業學者學術出版
五、POD 獨家經銷—數位產製的代發行書籍

BOD 秀威網路書店：www.showwe.com.tw
政府出版品網路書店：www.*gov*books.com.tw

永不絕版的故事・自己寫・永不休止的音符・自己唱